あなたの恋がでてくる映画

二村ヒトシ

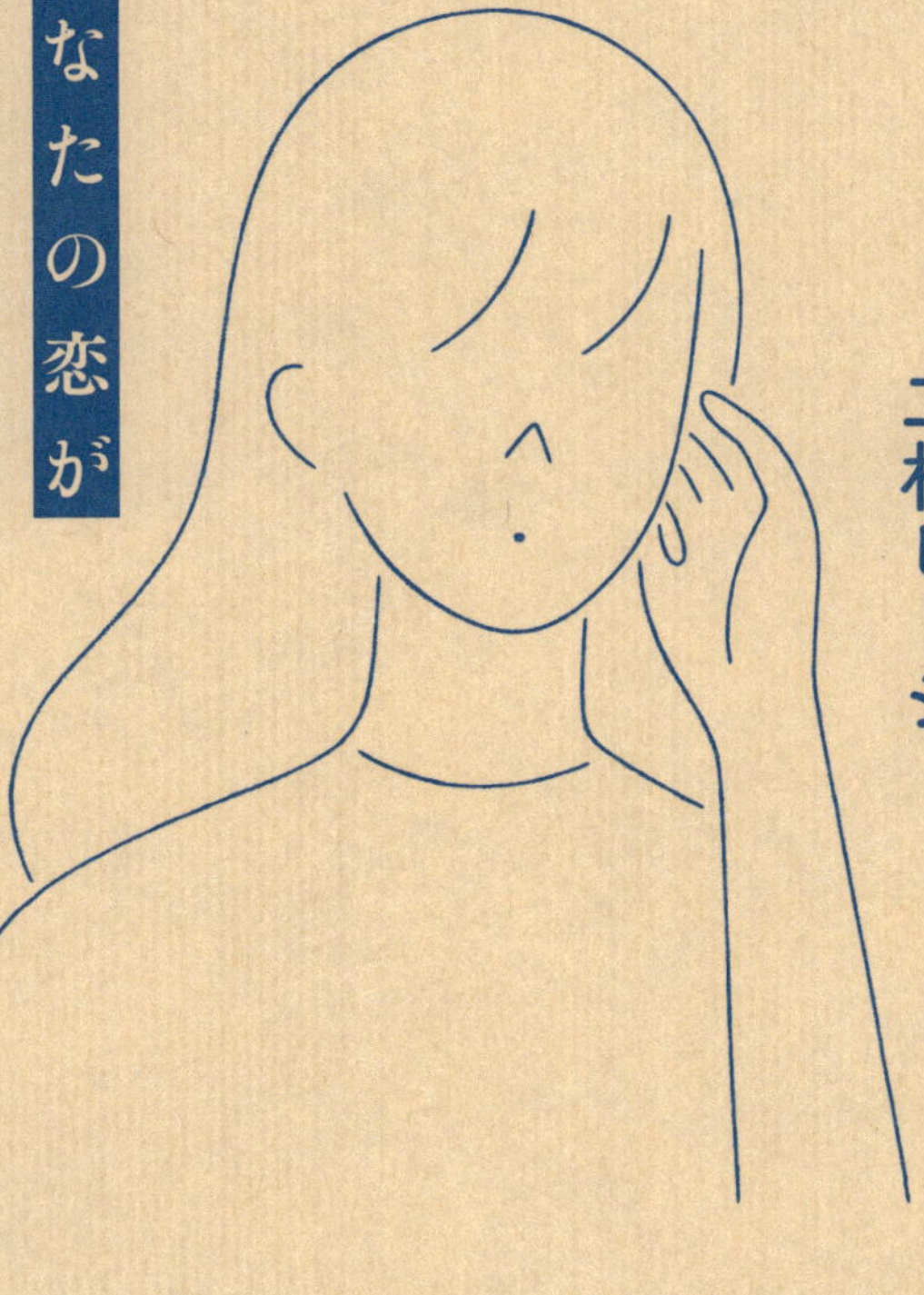

スモール出版

あなたの恋がでてくる映画

まえがき

恋愛映画を観て「あー」と頭を抱える。この映画にでてくるあいつらは私だ。俺だ。そう思うからだ。

ひどいことや恐ろしいことが起きて、主人公がひどい目にあう映画が楽しかったってことはよくある。終わってみたら観ていた自分はひどい目にもあっておらず、命にも別状なく、それってつまり他人事だから楽しかったのか。

恋愛映画でも二人の愛が大事件や歴史のうねりに引き裂かれる系のストーリーだったら、わりと他人事として観られる。悪役や社会に腹を立てたり、二人に同情したり愛の強さに感動して泣いたりしてるうちに映画は終わる。ハッピーな恋愛映画というのも、笑ったりホロリと泣かされたりしてるうちに終わる。安心である。そして観ている最中は泣いたり笑ったりさせられスッキリして、映画が終わると何も残ってない。

それが映画というものだ、それでいいのだ、それがいいのだという説もある。

だが僕が好きな恋愛映画は、主人公や主人公の恋人がやることを観ていると思わず頭を抱えたり「あー」と叫んだりしたくなる映画だ（映画館では迷惑だから叫ぶのはなるべくがまんしよう）。なぜ他人事なのに頭を抱えるのか。あいつらは私だ。俺だ。そう思うからだ。もちろん「恋愛がうまくいってるときの私」ではない。そんな奴が映画にでてきても面白くない。

面白い恋愛映画にでてくるのは、だいたい恋愛がうまくいってない自分、ひどい恋をしている自分だ。恋愛がうまくいってると思い込んで、いい気になってる自分もでてくることがある。それを観てまた頭を抱える。

いやな予感は当たって、その恋愛は破滅する。世の中とか運命とかが悪いのではなく、主人公たちの心にあいている穴というか欠落みたいなものが悪い。いや、悪くはない。面白い。どっちかというと、そういう恋を描く監督の人の悪さが悪い。いや、それも悪くはない。たぶん監督にとっても他人事じゃないのだろう。

心に大きな穴があいている人ほど、その穴を埋めようとして、映画にしたら面白いようなアホな恋をしてしまう。あるいは、もし映画にしたらクソつまんない凡庸《ぼんよう》な恋をしている私たちの心にも、恋の破滅にむかう主人公たちの心の穴ほど大きくはないが形は同じ穴があいてるもんだから、映画を観ていると相似形の感情が湧《わ》いてくる。そういう現象が、とても面白い。
他人事とは思えないけれど、しかし、ある程度は客観的に分析できる。分析しながらも感情は湧き立っている。エモさを感じると同時に考え込む。

まだ私は恋をしたことがないという人も、恋した相手と恋愛関係を始めることができたためしがないという人も、恋愛なんてしないよ、そんなのは人生においてムダでしょと決めてる人も、恋愛映画を観て「あー」と頭を抱えることがある。
恋をしないと決めたとか、したくてもできないとかの状態を生んでいる自分の心の穴のかたちが映画に描かれているのだ。もしも私がいつか恋愛をしたら、きっとこういうアホなことになるに違いないという、いわば未来の記憶（笑）。経験したことはないけど、よくわかる、わかりすぎる感情。恋愛映画を観てそういうのを味わい、実際に事故を起こす前に自分が起こすであろう事故について考えをめぐらせるのも面白い。

そういうわけで、あなたの恋と似た恋、あなたの感情と似た感情がでてくる映画を観ると、笑ったり泣いたり（笑っても泣いてもスッキリはしないだろうが）、頭を抱えたりしながら教訓がえられる。

冒頭に書いた「映画は終わったら何も残らないのがいいのだ」説の人からすると映画から教訓をえるなんてバカげたことかもしれないが――僕もそう思うのだが――しかし恋愛映画は例外だと思う。えられるのは一般論としての教訓じゃなくて、あなたの人生や恋愛の当事者としてのあなたにしか響《ひび》かない教訓だからだ。そういうわけで各映画の感想文の末尾に「教訓」を付記しましたが、これは「僕がえた教訓」であって、あなたにとっての教訓だとは限りませんのでご参考までに。

もちろん頭を抱えてうめきながら恋愛映画を観て教訓をえたからといって、それで次回以降のあなたの恋愛が改善されるわけではないです。

二村ヒトシ

あなたの恋がでてくる映画　もくじ

愛してくれない人を
好きになってしまう少年少女

『ウォールフラワー』

主人公は動けないヘタレ男子

恋愛で（いや、恋愛だけじゃなくて友人関係でも仕事でも、なんでもそうなんだけど）、うまく自分から動けない人っていますよね。でしゃばらないのが美徳だって考えかたもあるけど。うまいことやれない人間は、たいてい後日「なんであそこで一発カマしてやれなかったんだろう」「あそこで気の利いた一言が言えればよかったのに」って後悔して「やっぱり自分はダメな奴……」って悩む。言っておくべきことを言うべきタイミングでうまく言えなかったのが尾を引いて、あとでトラブルの元になったりすることもあります。

2012年／アメリカ
監督・原作・脚本：スティーブン・チョボスキー
出演：ローガン・ラーマン、エマ・ワトソン、エズラ・ミラー
原題：The Perks of Being a Wallflower
＊原題を直訳すると『壁の花であることによって得られること』

タイトルの「ウォールフラワー」というのは、壁に装飾として並んでいる花のことです。もし壁の花に自意識があったら「なんで私はここに飾られてるんだろう。私は誰とも喋れないし動くこともできないのに」って思うかもしれませんね。

主人公のチャーリー（ローガン・ラーマン）は挙動不審な〝受け身〟系男子で、高校に入ってもうまく友だちを作ることができない。彼氏が欲しかった女の子メアリーから積極的に迫られると「ごめん、僕は君のこと、そんなに好きじゃないんだよ」って言うことができずに、ズルズルつきあう。彼は自分のことを無価値な人間だと思っていて、そんな自分に向こうから来てくれた相手を傷つけちゃ申し訳ないと思っています。

世の中にはこのチャーリーとメアリーみたいなカップル、よくいます。嫌いだってわけじゃないから一緒にいられちゃうんだけど、この人のことを愛してるわけじゃないし、恋もしてないし、よく考えてみたら惰性だなぁ的な。これってメアリーにしてみたら、けっこうひどい話ですよね。彼女は自分の話すことに興味をもたないチャーリーに、ずっとイライラしている。

でもチャーリーがメアリーと別れられないのは**相手の生命力を甘く見ているから**とも言え

る。あなたが動こうが動くまいが、どっちにせよ相手は傷つくんで、思い切って別れてみたら相手は意外とすぐに次の相手を見つけたりすることもあるわけで。逆に、スパッと切れなかったからかえってずっと恨まれる、なんてこともありえるわけで。

自分が加害者になるかもしれないリスクを、人間は他人とつきあう以上、引き受けていくしかないんです。でも、それがなかなかできない。傷つけたくないし、傷つけたことで嫌われて傷つきたくないもんね。

幸せな恋愛ができない人たち

チャーリーという少年は、どうしてそういう性質になっちゃったのか。物語が進むにつれ、彼の認知の原因になってるいくつかの重い出来事が次第に明らかになっていきます。じつは主人公はヘタレ

男子じゃなくて、病院での治療が必要なトラウマ男子だったってことがわかってくる。
しかし、映画的に説得力あるような過去だけが人間を苦しめるわけではありません。**他人からしたらなんてことない小さな事件や思い込みによって、うまく動くことができなくなってしまっている人だって現実にはたくさんいます。**

チャーリーが自分から好きになった女性はサム（エマ・ワトソン）です。ところが彼女は彼女で問題を抱えていて、自分を幸せにしない男とばかりつきあってしまう。これまた現実によくいる、なぜかヤリチンに苦しめられてばかりいる女。サムはチャーリーに憧れられる美少女なんだけど、本人は「私には、私を大事にしない男がふさわしい」と思い込んでいる。
彼女も自分の心の穴と向かいあって、離婚している母親が苦しんだ負の連鎖を、なんとか自分で断ち切るしかないのです。

サムがつい交際してしまうのは恋愛に誠実さをもてない男たちですが、そんな彼らにもたぶんそれぞれが抱えている心の穴がある。サムが彼らを愛したとしても、その欠落は埋められないでしょう。そして彼らがサムにしているのと同じことを、チャーリーもメアリーに対してやっているんです。**ヘタレ男子もヤリチンも、自分でしか解決できない問題を棚上げして、その結果、相手をうまく愛することができなくなってるという点では同じ。**

もう一人の登場人物、サムの義理の兄であるパトリック（エズラ・ミラー）も、やはり愛してくれない相手を好きになってしまいますが、彼は基本的には開き直っていて、脳天気にふるまう好漢です。

それは彼がゲイである自分自身を嫌いじゃなくて、チャーリーやサムみたいに「まともでありたい」って願ってないからじゃないかな。もちろん、そこにいたるまで彼は小さいときから一人で社会と戦ってきたのだろうし、孤独だからこそ明るく生きる智恵も身につけて、自分の心の穴を受容してきたんでしょう。

でも人生は長いですからね。この映画ではパトリックはかっこいいですが、進学した大学には彼以上に魅力的なマイノリティがたくさんいて、そこでは差別や孤独は薄まってるかもしれないけれど、もしかしたら高校ではきらめいていた彼の才能は埋もれてしまうかもしれない。どうなるかはわからない。

心の穴を教えてくれる恋人と、よい状態でいさせてくれる友達

この映画の登場人物はみんな傷を抱えてるけど、若さは余裕のなさだから、傷ついてるのは仕方ない。「誰が悪い」とか「自分が悪い」とかじゃないんです。失敗して痛い目にあわないと自分の正体や心の穴はわからないし、それがわからないと本当の意味で人に優しくできない。**つきあう相手の「悪いところ」「こっちを傷つけるところ」を、急に直そうとしたって直りません。人はそれぞれ、親との関係とか、それまでの体験とかによる心の傷が集積されて「その人」ができあがっているわけだから。**かと言って、内面の問題を〝わかってあげる〟ってのも傲慢だし（ていうか、お母さんみたいになっちゃうし）、「あの人は、ああいう人だからしょうがない」とあきらめるのも健康的じゃない。関係として楽しくない。

人って、そう簡単に「ぴったり合う人」とは結ばれないものです。いきなり結論は出ないし、でも、びっくりするような出会いもあるし、いつも恋をしてないといられないような人は必ず傷つくわけだし相手を傷つけることにもなる。

だったら、なぜ自分は「そういう恋愛」をしてしまうのかって考えてみることが必要だと僕は思います。**苦しい恋愛というのは「自分とは何者か」を知るために、してしまうんです。**

どんなにショボい関係でも、どんなに傷つけて傷つけられたとしても、そこからは「自分は、どういう人間なのか」という、なかなか得られない知見が得られる。**恋愛になってしまった以上、意味のない恋愛なんてないんですよ。**

ていうか、なぜ多くの人が恋愛をしているときに傷つきやすくなったり、心の傷の痛みで動けなくなったりするのかというと、やっぱり恋っていうのが深いところの欲望を相手に突きつけるものだからだよね。

だから「恋した相手」とか「つきあってる相手」って時としてキツいわけだけど、それに比べて「友達」っていいよね。マウンティングしてきたりくだらない忠告とかしてくるダサい友達もいるけど、パトリックみたいな友達がいるのは、とってもいい。先輩風を吹かせない人生の先輩。利害関係とか嫉妬がない友達。その人と一緒にいるときは自分の心の穴に足を取られて転ばないような、自分の「悪い部分」や「つらいところ」が出なくてすむ自分でいられるような、そういう友人たち。

チャーリーの病気は、自分のほうを向いていると「動けない」という症状として出てしまうけど、パトリックのためには「動いてしまう」という症状として現れた。チャーリーは苦しかったけど、それで二人の友情は深まりました。

でも、友達だけでもダメなんだよね。未来のほうを向いている欲望もないと。チャーリーが、パトリックとサムと三人で、車でトンネルを抜けていくシーンはそれを象徴しているんだと思います。

この映画の教訓

意味のない恋愛はない!

恋とセックスに溺れる男女の
「依存」と「回避」

『パリ、ただよう花』

美しくもなく、ロマンティックでもないセックス

パリに留学している中国人のインテリの女性、ホア（コリーヌ・ヤン）が、あっちの国とこっちの国を行ったり来たりしながら、あっちでもこっちでも、いろんな男の人とやっちゃうという話です。

やった男は彼女を好きになる。だけど彼女を好きになった男は、しばらくたつと必ず彼女を憎むようになる。男は彼女を束縛できないけど、彼女は自由にふるまえばふるまうほど自由から遠ざかっているようにも見える。

2011年／中国、フランス
監督・脚本：ロウ・イエ
出演：コリーヌ・ヤン、タハール・ラヒム
原題：Love and Bruises
＊Bruisesは打撲傷。
邦題を『恋と傷』にしてもよかったんじゃないかな（二村）

そして、そんな彼女をナンパして、ほとんど無理やり犯して、そして狂わされていくアラブ系フランス人の若者、マチュー（タハール・ラヒム）。

エキゾチックでハイソなラブストーリーかと思いきや、じつは「さえない男女」の話で、僕は大いに共感できました。いや皮肉ではなく、幸せになりにくい男女を描いた、とてもいい映画だと思います。

フランスは恋愛の国だし、中国も性生活に凝る文化の長い歴史があるのに、この二人は気持ちよさそうなセックスをしないんです。ここには「愛」はまったく描かれていない。でも、**この映画の男女関係に違和感を覚えるのは、あなたが知ってる「愛」が映画やドラマやマンガで作られた物語の「愛」だからなんじゃないの？** って観客に突きつけてくるわけです。彼ら、あるいは現実の我々がやってることは、美しくもないしロマンティックでもない。

ヒロインのホアが白昼の街角で元彼にすがりつくメンヘラ炸裂の場面から映画は始まるんだけど、彼女は捨てられたことへの復讐や自暴自棄で男性遍歴を重ねるわけではなく、ただ最初から〝そういう人〟なんです。衝動を抑えられず、自分に強引に迫ってきたダメ男のところに自分から行ってダラダラとした関係を続けて、無意識に相手の〝心の穴〟を広げていく。ダメな男を見つけるのがうまいんです。

そんな彼女に引っかかったマチューは〝支配できる女〟が好みのタイプの古い男で、どこにでもいる普通の労働者ですが、やがて彼のほうが恋愛依存のメンヘラ女子みたいになっていくという……。

苦しい恋愛をしていないと生きていけない女

彼と彼女は、運命の二人として描かれてるわけではない。ホアは、決して男の心に寄り添いません。だから男のほうが「ほかの男に行っちゃうんじゃないか」と嫉妬して、おかしくなっていく。

ホアは心の中に抱えている空洞に底がなくて、それは男性との関係

では決して埋まらないことを自分自身でよくわかっている。わかっているのにセックスで埋めようとして、いろんな男から愛されたくて、自分から離れていく男にも執着する。

男はホアみたいな女の人には近寄らないほうが人生が安全なんだけど、つい行っちゃうんだよね。彼女のセックスが魅力的だからか、不安定な彼女を「ほっとけない」と思うからか。ところが彼女は、セックスの相手の男を精神的に必ず傷つけてしまう女です。しかもセックスがないと生きていけないさみしがり屋。

「結婚をして幸せになるのが恋愛の理想的な終着点」という常識を多くの人が信じてる世の中では、彼女は一種の病気とみなされるかもしれない。

それを「セックス依存症」とか「ヤバい恋愛体質」だと呼ぶのは簡単だけど、**我々だって、もしかしたら無自覚に誰かの心を食って生きているのかもしれない。それに人生のある時期に彼女みたいな恋愛を繰り返してしまう女性は、現代のどこの国にも少なからず存在します。**

恋することに依存する人は、愛されることを回避する人になる

ある人に依存する。依存された人が「依存されることの中毒」になってしまったら共依存です。二人はボロボロになる。

「俺は、俺に依存してくる女が大嫌いだ」とか言ってる男性にも要注意です。人間関係の依存には、マイナスの依存である「回避性依存」ってケースがあるとのことです。誰かからの熱烈な恋から逃げたくて冷たくしながら、（本人も無意識のうちに）、ほどよく冷たくすることで相手を惹きつけている場合もある。

依存する人も回避する人も、じつは相手には愛はなく、自分自身に恋してるだけ。そういうことをする人は、二人が幸せになれそうな愛情に対しては、ちゃんと向かいあおうとしません。本気で逃げ出します。よくある言葉を使うなら「幸せになるのが怖い」のでしょう。

愛してくれる相手のことは好きになることができず、絶対に愛してくれない相手に恋をしてしまう（P.54参照）。この映画ではヒロインの行動を通して、恋とセックスに溺れる人間の依存と回避がていねいに描かれています。

そういうタイプの女性に寄ってくる男性もやはり心に空虚を抱えている、そのことも描かれています。

依存的な恋の関係では、依存する人は回避する人にもなります。捨てたり捨てられたり、逃げたり追い求めたり、どっちにもなるんです。

いじわるな映画です。ロウ・イエ監督は、ただ見つめて描いているだけ。風刺もないし「こうすれば幸せになれるよ」みたいな薄っぺらいハッピーエンドも提示しないし、二人が「なぜ」こんなふうになってしまうのか一切説明しようとしない。

悲劇的にすら描かない。これが「いい」とも「悪い」とも最後まで言わないまま終わるんです。

監督の視線は登場人物だけでなく、風景すら「物語」抜きで描きます。せっかくロケをしたパリの街並みが、全然ロマンティックじゃないし美しくない。そこに生きている人の眼に見えているものだけを、恋愛に疲れているけれどセックスだけはしてしまう人に見えているようなザラッとした色彩で、手持ちカメラで乱暴に映していく。

なんだかあんまり褒めていないように読めるかもしれませんが、僕はこの映画、とても好きです。だって「そういうふうにしか生きていけない人たち」を美しく描いても、誰も救われないじゃないですか。現実って、こういうものですよ。

で、それを観た人が、どう感じるか。自分の行動や感情を振り返って、恋やセックスの相手のことをどう考えるか。それは完全に「観客の側」に任されている。監督はヒロインのことを肯定も否定もしません。

僕はこの映画を、**いま「あの人がいないと死んじゃう」とか「好きって言ってくれる人のことは誰も好きになれないんだよね」とか感じている多くの人に観てもらいたい**と思います。

この映画の教訓

我々がしている現実の恋愛やセックスも、こういう姿かもしれません。

「ここではないどこか」への憧れ

『かぐや姫の物語』

人間になった〝かぐや姫〟

分断させたいわけじゃないですが、本作を観た女性たちの感想、2種類ありますね……。かたや「号泣した！　私自身が経験した切実な苦しみが描かれてるから、観終わった後もいろいろ考え込んでしまった」という意見。かたや「かぐや姫の悩みと怒りに、共感できなかった」という意見。

共感できなかった派の女性の「この話は〝美人あるある〟だから、私たち普通の顔の女は感情移入できないよ」という意見も聞きました。ただし美人（として扱われて生きてきた人）でも感動してない人もいるし、美人じゃなくても感動してる人も大勢いるようです。

2013年／日本
監督：高畑 勲
声の出演：朝倉あき、高良健吾、
地井武男、宮本信子

この昔話を元にしたアニメで描かれているのは、**社会が要求・強制するような「女」としてではなく、性差によって苦しめられない「人間」として生きていきたい女性が、男性が支配しているこの社会と、どのようにぶつかるか**という大問題です。

「いまはもう〝女だから苦しい〟とは感じなくなったけれど、私も昔、たしかに〝かぐや姫だった〟ことがあった」と思った女性は、また違った感想をもつのかもしれません。

かぐや姫は、男たちや男性社会の暴力性を疑わない女性の先輩から「女らしくあれ」と求められ、自分が「どうありたいのか」とのズレに苦しみます。

父親がわりである竹取の翁《おきな》も、姫に求婚する5人の男たちも、姫の心情をまったく考えてくれません。

子どもの感情を一切考えなくとも「それは甘えだ」とか言って育ててしまうことができる。相手の感情を考えなくても恋をすることはできてしまう。映画の前半では〝男たちの愚かさ〟というものが、これでもかってくらい徹底的に描かれています。竹から金が出てきて翁は目がくらむわけだけど、あの金、かぐや姫を地球に送りこんだ別世界の意思が、姫の暮らしを安全にするためではなく、人の欲望の愚かさを試すために送ったのかもしれないですね。どうして人は自分が欲しいものを「自分が恋してる相手も同じように欲しがるはずだ」と思い込んでしまうんでしょう……。

ただ、翁の妻である媼《おうな》（かぐや姫を育てるお婆さん）が〝優しい母〟として描かれますが、母親だって父親に負けない精神的虐待を子どもにすることが現実にはあります。

結局は男（父）が悪いからだ、男性社会が母を追い詰めたからだ、という見方もありますけど。女性たちだって、相手が本当は何が欲しいのかを理解しようとせずに恋してしまうことも多いと思う。愚かさを男だけに象徴させているのは、高畑勲監督の〝男としての罪悪感〟なのかな。

人は引き裂かれながら生きている

映画の後半になると、かぐや姫はだんだんおかしくなっていきます。幸せだった少女時代の思い出と都での暮らしに引き裂かれ、もともと自分が暮らしていたという月の世界の記憶と**「自分の居場所はここではない」**という思いに取り憑かれます。

このくだりで僕は「多くの人の心の中に、かぐや姫は棲《す》んでいるのかもしれない」と思いました。

とくに〝人間〟として生きようとしている女性は、社会の中でも恋愛やセックスの渦中でも引き裂かれを自覚しやすいんです。

男たちだって「仕事と家庭と趣味」とか「自意識と収入とプライド」とか、いろんなものに引き裂かれながら生きてはいる。だけどいちおう世の中で生きていけている、とくに年配の男性は、インチキな自己肯定を許してくれる男性社会に守られているから自分の〝引き裂かれ〟に公《おおやけ》の場では鈍感になれて、ごまかして生きていきやすいんだと思います（詳しくは拙著『なぜあなたは「愛してくれない人」を好きになるのか』〈イースト・プレス〉に書きましたんでご参照ください）。

人間なんだから矛盾する欲望とモラルがあって、引き裂かれて生きるのが当たり前だとも思います。精神的に引き裂かれてなかったら、月の人たちみたいに〝幸せ〟だろうけど感情のない存在になってしまう。

かぐや姫は、そんな〝感情〟というものに憧れて、せっかく月に生まれたのにわざわざ地球（現実世界）に転生したんでしょう。神様に楽園を追い出されて人間になってしまったアダムとイブと一緒ですね。

妖しくて悲しい『姫の犯した罪と罰。』という言葉は、劇場公開のときの宣伝コピーです。現実の人間という存在が矛盾しているとしても、そうなりたかった〝憧れ〟が姫の罪であり、その結果、引き裂かれて苦しむことが姫の受けた罰。

ぜひ『風立ちぬ』と2本セットで！

彼女は「ここじゃないどこか」に行きたかった。前世では地球で生まれかわりたかったし、都で生活してるときは「田舎に帰りたい……」と思ってる。**いつも、どこにいても「ここは私**

の居場所ではない。ここでは自由に生きられない」と思っている。

男にしてみれば、かぐや姫という魔物を心の中で全開にしてる女性に恋をしちゃうと大変なことになります。5人の求婚者はたしかに愚かだし、ずるい男もいるけれど、振り回されて財産を失ったり、死んでしまったりする男もいる。

姫も真面目だけど、死んじゃったお金持ちの若者も純情です。**純情さと真面目さの対決って恐ろしいことです。**この部分では、女と男のぶつかり合い、愚かさとエゴイズムの虚しい戦いを描いている気もします。

ところで幼なじみの捨丸《すてまる》兄ちゃん、美形すぎるだろ……。姫と彼との再会シーンに注目していただきたいんですが、この映画、完全に不倫を肯定してます（いいことだと思います）。アニメで「空を飛ぶ」というのはもちろんセックスの象徴です。僕だったら、そんな捨丸にはできれば平凡な顔の平凡な男であってほしいんだけど、女性の観客はここはイケメンじゃないと納得できないよね。そりゃそうか。

スタジオジブリの鈴木敏夫プロデューサーは『かぐや姫の物語』を、うわの空な男のエゴを描いた『風立ちぬ』（監督／宮崎駿）と本当は併映で公開したかったという話も聞きました。

僕という〝男〟の感想ですが、『風立ちぬ』の主人公の奥さんって、そんなに不幸じゃないよね。自分が（そして、すべての人間が）やがて死ぬことを知っている、とても賢い女性です。と言うと女の人に「男は呑気だな！　男の勝手で女に賢さを求められても、やな感じ！」って怒られるかな。

だったら「とても賢い〝人間〟です」と言い直します。僕もエゴの薄い、賢い人間になりたいです。


先輩後輩であり共同作業者であった高畑監督と宮崎監督が、着想の段階から意識しあっていたかどうかはわかりませんが、『かぐや姫の物語』と『風立ちぬ』は結果的に、みごとに対《つい》になってる映画だと思います。

大切なパートナーがいるかたは、もし機会があったらDVDかブルーレイを借りるか買うかして、二人で一緒に2本続けてご覧になってみてください。そして、おたがい「どんな感想を持ったか」話し合ってみるのも楽しいんじゃないかと思います。

もしかしたら大ゲンカになるかもしれませんが、それはそれで楽しいんじゃないでしょうか。

この映画の教訓

人間だったら引き裂かれて
生きるのは当たり前。

おたがいの自己否定感や
罪悪感を許しあう愛

『エヴァの告白』

弱い人間の罪の意識

この映画の舞台は１９２０年代のアメリカ。ポーランドで生まれ育ちニューヨークに移住してきたエヴァ（マリオン・コティヤール）という女性が、病気の妹を救うお金を稼ぐために娼婦になるというストーリーです。

近代アメリカ史の暗い流れ（現在や未来の日本社会にも、つながっていく話でしょう）の中で、苦境の女性がどう生きていくかがテーマですが、それだけではなく〝**男と女の罪悪感**〟というものもくっきりと描かれている。

2013年／アメリカ、フランス
監督：ジェームズ・グレイ
出演：マリオン・コティヤール、ホアキン・フェニックス、ジェレミー・レナー
原題：The Immigrant
＊まんま訳すと『移民』。……シブい！（二村）

エヴァの前には、売春の元締めであるブルーノ（ホアキン・フェニックス）と、マジシャンの舞台芸人オーランド（ジェレミー・レナー）という対照的な二人の男性が現れます。

ブルーノは劇場のショーの演出家でもありますが、女性を働かせて稼いでいる女衒《ぜげん》でもあり、まあキャバクラのスカウトマンとかＡＶ監督みたいなもんです。冒頭の入国審査のシーンでエヴァに声をかけたのも計画的、最初から娼婦にさせるつもりだったんでしょう。優しくしたり怒ったりして彼女を精神的に追い込んでいくテクニックの持ち主で、女の弱点をよく知っている。そういう意味で有能な人物です。

彼がいないと娼婦たちは生きていけないわけで、頼りにされているし、彼に恋をしている娼婦もいる。常識で考えたら健全とはいえない職業で、そして、じつは弱い男です。支配的なくせに酒や薬物に溺れて、突然キレたり、そして「そういう最低な自分だから、女性から愛されて幸せになる資格はない」と無意識に感じているんでしょう。

かたや流浪のマジシャン・オーランドは、言動からして軽いし（そもそも得意のマジックが空中浮遊……）、ナルシシズムの塊で「自分大好き」タイプ。そして夢を語る語る。「俺のアシスタントやる?」とか「一緒にカリフォルニアに行こう」とか「君だけが俺を癒してくれるんだ」とか言いまくりますけど、自分になびくと見たらどの女性にでも同じことを言いますよ、この人は。ブルーノと真逆で、女を一瞬だけ喜ばせるのがうまい。

過去には友情があったらしい二人ですが、再会後は激しく対立します。ブルーノはオーランドに嫉妬して、エヴァを取られるんじゃないかと逆上しますが、もしかしたら彼は本当はオーランドのようにフワフワと生きたかったのかもしれない。そういう意味の嫉妬もあるのかもしれない。

女性の側ができることは?

ブルーノもオーランドも、どっちも最低ですね。現代社会に普通に生きている人間の中にも、この2タイプの最低男性はよくい

ます。

映画のブルーノは女性を扱うヤクザだけど、かたぎのサラリーマンにもいっぱいいますよね、**地位もお金もあるのに自己嫌悪まみれの男。彼らは罪悪感を意識の底に押し込んでいるから、ときに自制が利かなくなるくらいお酒を飲んだり怒鳴ったりする。**

オーランドは明るいチャラ男によくいるタイプで**「自分が女性を傷つけているかもしれない」という自覚がない。むしろ「俺には才能があって、女性の気持ちもわかる」くらいに思っているでしょう。**でも行く先々でトラブルを起こしがちで、孤独です。

この映画を観た男性の感想を聞きたいですね。「どっちも最低ですね」なんて言ってる男はいい気なもんです。二人の男性キャラクターの、女性の上にあぐらをかいて生きているようでじつは本人も苦しかったりさみしかったりする感じって、女性から恋されたことがある男なら身に覚えがあるんじゃないかな。

「オーランドは友人の○○に、ブルーノは俺に、似ているかも……」って愕然としちゃう男性はまだマシですが、まあ愕然としてるだけじゃダメなんですけども。

エヴァは、ブルーノの罪悪感を明確に刺激する何かを持っていた。自分が娼婦にさせてしまった女に惚れてしまうのもブルーノの罪悪感のなせるわざ、というか、そもそも彼女と出会ってしまう巡り合わせっていうのが、彼の罪悪感が心の底から噴き出して現象化したことなんだと思うんですよ。

ブルーノの仕事はそれなりにうまくいってたのに、エヴァが来てからというものオーランドも帰ってくるし警察の取り締まりも厳しくなるし、ろくなことがない。**自分を許していない人間の人生は、うまくいかないんです。**

罪悪感を抱え込んでしまったブルーノのような男に対して、じゃあ彼に惚れてしまった女はどうすればいいのか？

酔っぱらって「俺はダメだから」とか「ほっといてくれ」って言う男に対して、女の人は何ができるんでしょう。いや、甘えてる男はほっとくしかないって話ですが、それでも彼女が彼を許してあげたくなってしまったら？

映画の中ではエヴァはブルーノを許したのに、ブルーノは罪悪感に囚われ続けた。本人が〝許されている〟って認める気にさえなればよかったのに、人から感謝されていることを受け入れられない。

映画の終盤で彼はやっと心を変えて、エヴァに対して自己犠牲的なふるまいで贖罪《しょくざい》するチャンスを得ますが、そうは問屋が卸さないというか、監督はこの映画を美談では終わらせません。運命に邪魔されてブルーノはボコボコにされます。

そのエピソードも「彼がどんなにエヴァに親切にしようとしても、その前に自分自身を許さなければ、幸せにはなれない」ということの象徴のように僕には思えます。

自分を許せば相手のことも許せる

ヒロインのエヴァは敬虔《けいけん》なカトリック教徒でありながら、娼婦になります。体を売ってしまったことが彼女の罪悪感です。そうしなければ生きていくことができなかったのに。

現代でも、女を売って生きていくことに罪悪感を覚える女性は多いでしょうし、罪悪感を持たせようと働きかけてくる人たちもいるでしょう。

水商売も風俗も、健康を害する可能性や社会からの差別、男性による搾取《さくしゅ》といった問題も多いのですが、本人がその職業に就くことで経済的に、そして精神的にも自立できる場合があります。

「女というものは一人の男性だけに愛されて、その人の子どもを産むことが幸せ。それ以外に女の幸せはない」っていう教育を受けていると「多くの男を愛することは罪だ」と思ってしまうかもしれない。

でも、生きるために女を売ることが罪ならば、複数の男とセックスしてお金を稼ぐことと、お金目当てで稼ぎのある男と結婚すること、どちらが罪深いのかという話にもなる。

どちらにせよ「いやだ」と感じながら続けていると、風俗嬢はお客を憎み、妻は夫を憎むことになるでしょうね。**人間は自分が「いやだ」と思うことをやって生きていったら、絶対にダメだと思うんですよ。**

逆に、女性がそのあたりのモラル（だと思われているもの）から解放されてのびのび生きているると、今度は男がスネるんです。男って嫉妬深いですから。**もしかしたら女の人が社会から**

持たされてしまう罪悪感って、男が女を支配するために吹き込んだものなのかもしれない。

「いろんな男に優しくする女はビッチだ」って言ってね。

話を映画に戻します。不幸のスパイラルで心が凍りついていたエヴァは、一度は〝自分は汚れた人間だ〟と思ってしまったけど、彼女の自己否定感はキリスト教の神によって許されて、行動力を得た彼女は妹を救います。

そしてブルーノの真心を知って彼のことも許しました。彼女が自分自身を許したことで〝許しの連鎖〟ができたんです。ブルーノを許すことでエヴァ自身が救われた。

だけどブルーノは最終的に、自分を許すことができなかった。

エヴァのような体験をしなくても、現代の女性たちには、うっすらと自己否定の気持ちを持たされている人が多いです。「仕事は続けたいけれど、それだと〝結婚しろ、孫の顔が見たい〟と言う親を喜ばせることができない」とか「結婚したいのに真剣になってくれる相手が自分にはいない」とか「自分は女らしくないダメな女だ」とか思っちゃってる人、あなたの周りにいませんか。あなたは、どうですか。

がんばり屋の女性ほど、実は男たちの罪悪感に匹敵する〝自己肯定できなさ〟を抱えている。

この映画が教えてくれるのは「**自分も相手も、本当は許されることを求めているのだ**」と知って、愛を得たときに素直に自分のことを許せる人が幸せになれる、ということではないでしょうか。

許したのにまだウジウジしている男と一緒にいるのって、女の人にとって苦痛だよね。

この映画の
教訓

自分が抱え込んでいる自己否定感を知ろう。
気になる異性が抱え込んでいる
罪悪感を、あなたが許そう。
おたがいを許しあうことが愛です。

アルコールや麻薬より怖い、
依存と支配の中毒

『ラヴレース』

支配する人と依存する人

1970年代に大ヒットしたアメリカのポルノ映画『ディープ・スロート』の主演女優リンダ・ラヴレースの伝記をもとに、その『ディープ・スロート』撮影の舞台裏、そして「なぜリンダはポルノ女優になったのか」を描きました。

ディープ・スロートとは「喉の奥まで入れる」という意味です。ポルノ映画『ディープ・スロート』は、おそらく世界で初めて劇場で公開された「エロいフェラチオをテーマにした映像」です。そんなものそれまで見たことなかった全世界の男たちは度胆《どぎも》を抜かれたのでしょう。

2013年／アメリカ
監督：ロブ・エプスタイン
出演：アマンダ・サイフリッド、ピーター・サースガード、
ハンク・アザリア、アダム・ブロディ、ジェームズ・フランコ
原題：Lovelace

一説によれば興行収入は『タイタニック』に迫るレベルだったとか。ポルノはインターネットで一人で鑑賞するのが主流になった現在では、劇場で公開されるポルノにそんなに観客が詰めかける事態は、もう起こらないでしょうね。

「喉の奥まで入れるなんて、そんなもの見たくないし想像もしたくない、気持ち悪い」と思われる女性は多いでしょう（男性にもいるでしょう）。でも「好きな男性のものだったら喉の奥まで入れたい、私はMだから苦しいのが気持ちいい」という女性やゲイの男性も、とても多いです。

すると、そういうのが嫌いな人は「その男が喜ぶから、やってるだけでしょ。じつは無理やりやらされてるんじゃないの？　かわいそうで見てられない」と言うかもしれません。それを聞いて、喉の奥まで入れるのが好きな女性やゲイ男性は「いや、あなたには理解できないでしょうけど、ほんとに気持ちいいんだよ。こっちは好きでやってるんだから、ほっといて」と言うかもしれません。

そして「こっちは好きでやってるんだから」と言った人の中から（全員ではありませんが）、しばらく時間がたつと「あんなの本当は好きじゃなかった。苦しいだけだった。やらなきゃよかった。あんな人、本当は好きじゃなかった」と言い出す人が、必ず何人か現れます。『ラブレース』はポルノ女優を主人公にしていますが、エロい映画では全然ありません。ひどい恋についての映画であり、いわゆるAV出演強要（洗脳）問題についての映画でもあります。

この文章を書いてる僕は本業がAV監督で、ハードコア（カメラの前で実際にセックスをしてしまう）ポルノや性サービス産業それ自体が悪いことだとは思っていません。

セックスワークに就く人がいるのは、それで当人が病まないのであれば悪いことではない、むしろセックスワークをすることで経済的にだけでなく心も救われる（自己肯定感を得られる）人はいると思っています。喉の奥までペニスを入れて苦しいことで素晴らしい快感を得られて、それを自分から求める女性もたくさんいるとも思っています。

もちろん、そこに詐欺や搾取や暴力や虐待、力関係による支配があっては（それによって苦しんだり病んだりする被害者が生まれては）ならないとも思っています。しかし、**当事者ではない人間にも、そして当人にも、「恋」と「支配・依存」を見分けるのは、とても難しいことです。**

アマンダ・サイフリッド演じるリンダは、厳しいカトリックの家庭に育った真面目な女の子でしたが、チャックという男性と恋に落ちたことで人生が変わり、ものすごいフェラチオができる女性として世間に知られることになります。彼の借金を返すためにポルノ映画に出て、彼に仕込まれた〝技〟をカメラの前で披露して大スターになったんだけど、その成功の裏側で彼からＤＶや束縛を受けていました。これ、本当に日本中のＡＶ女優や風俗嬢に観てもらって、考えてもらいたい映画です。

リンダが有名人になっていく前半では「あれ、この男ちょっと変なんじゃ……」とはちょいちょい思わせつつもチャックが暴力をふるう描写はなく、後半になってフラッシュバック的にじつは殴られていたことがわかる。

それって、そのときそのときのリンダの頭の中ですよね。**恋してる対象から殴られている**

とき、殴られていることをおかしなことだと思わない人がいるし、おかしなことだと気づいてしまったら生きていけない状況があるのです。恋のために、あるいは生きていくために「苦痛じゃない」と思い込む。後になってから、おかしなことだったと感じ、やっと痛みが湧き、強烈な憎しみが湧く。

恋とは〝どこかに連れていってほしい〟願望

暴力や、そのちょっと手前の〝ゆるやかな虐待〟とか搾取とか、言葉による洗脳っていうのがどこにでも日常的にあって、**やられてる最中は気がつかない。人間が感じていること、目に見えているものはすべて主観なんです。**

すべての人が自分の恋愛や人間関係や仕事を客観的に見つめることができれば（そんなことは不可能ですが）、この世の不幸の数はそうとう減るでしょう。客観性をもたせてくれる「関係性の外部にいる友人」って貴重で、この映画の中でも女友達が救いの手を差し伸べてくれたんだけど、でもリンダはチャックのほうを選ぶんだよね。

アメリカにも日本にもDV行為は昔からありました。**自分を「強い」あるいは「強くあらねば」と思ってる人が屈託を抱えると、その感情の逃がしどころは必ず自分の近くの自分より弱い者に向かう。**他人を支配しないで生きていける優しいタイプの男性もいるけど、弱さにつけ込んでひどいことをする人間も確実にいる。

リンダのように支配されてしまう可能性も、チャックのように支配してしまう可能性も、すべての人間がもっています。虐待なんて私には関係ないわと思わないでください。女性が男性を支配することだってあるし、被害者だった人が加害者を（相手の罪悪感を使って）支配することだってありえます。そして**さらにヤバいことに、人は「支配されること」が好き**だったりするんだよね。好きというか、依存症になっていきます。映画のチャックはわかりやすく暴力的な男だけど、リンダは出会った頃から彼に依存しています。

リンダにとって最初はすごく魅力的な男性だったチャック。恋って、相手が「いい人」だから魅力的に感じるわけではないです。**今の自分の状態に納得がいっていない人間は、自分を〝どこか〟に連れ去ってくれそうな人に恋をします。**怪しげな宗教や意識の高い自己啓発に人がハマるのも、恋の一種です。今いる世界に居場所がないから。今とは違う景色が見たいから。まさにリンダにとってチャックは、息の詰まるような家庭環境から連れ出してくれて、刺激的なパーティに案内してくれた人でした。

みんな自分を無限の可能性のある素晴らしい世界に連れていってくれる人を待っている。出会った頃にチャックがリンダに夜の海辺で夢を語るシーンがあったけど、ろくでもないですね。〝いい話〟をする奴には注意したほうがいい。

だけど、わかっていてもやめられないのが恋の恐ろしさですね。**アルコールとか麻薬、ギャンブルとか、万引きとか性暴力（痴漢など）いろんな依存症があるけど、恋の中毒がいちばん怖いかもしれない。**

母と娘の間で起こりがちなこと

母と娘の間で起こりがちな問題も、この映画では如実に描かれています。

シャロン・ストーン演じるリンダの母親は娘に厳しく、門限を破るとビンタしたりする。娘をかつての自分のような〝ふしだらな女〟にしたくないという思い。娘が自分と同じことをするから殴る。娘に自分の姿を重ねて、昔の自分を殴っている。

すべての親が「お前のために」と言ってやることって、すべて親のエゴであり、親のもってる〝心の穴〟なんです。父でも母でも、子に「こうなってくれ」「こうなってくれるな」「世間に恥ずかしい」と押しつけることは、同じ形の心の穴をあけることになって、子どもは生きづらくなるだけ。

これからお子さんを育てていく人には、自分がダメだったところを子どもにはそうならないようにとか、親自身の人生をやり直させようとか、そういうふうに思わないでほしいです。**子どもへの怒りというのは、自分が正しいから怒ってるんじゃなくて、自分に対して腹を立てているから子どもに対して感情的になっているんです。**

映画では、チャックのDVを受けたリンダを、母親は助けようとしません。嫁に出した娘が帰って来ると恥ずかしいという感覚は、日本だけじゃなくアメリカのキリスト教の家庭にもあるんですかね。「彼氏が暴力をふるうからってなんだ、あたしだって耐えたんだから、あんたもがんばりなさい」って言われたら、娘は本当に行き場がないですよ。そして、こういうケースが昔の話かというとそうじゃない、現代にだってたくさんある。

この映画の主人公のモデルになった実在の元ポルノ女優リンダ・ラヴレースさんは晩年に、ポルノ業界がどんなにひどい場所か、自分がどんなにひどい目にあったか告発し続け、2002年にご自分で運転していた車で事故にあって没しています。チャックのモデルになったチャック・トレイナー氏はリンダさんと別れてから、また別の有名で美しいポルノ女優と結婚し、リンダさんと同じ2002年に亡くなっています。

二人の関係が本当のところどうだったのかは本人たちにしかわからないことですが、少なくとも映画では、恋だけが描かれて、愛は描かれませんでした。

とにかく愛のない映画でした。男と女の間にも、母と娘の間にも、ポルノ業界に対しても恋（求める気持ち）は濃厚だけど愛が存在しない。こんな愛なき世界を見せられたときに、かえって人は「私は愛せているのかな？　どうすれば愛せるようになるだろうか？　じゃあ愛ってなんだろうか？」って、自分のこととして考えるようになるかもしれない。

この映画の
教訓

恋は愛ではありません。
恋とは〝どこかに連れていって
もらいたい危険な願望〟です。
恋愛がヤバい人は、
たまには自分の恋を
客観的に見つめられるよう、
なんとかしましょう。

「ヤリチン」と「ヤリチンに恋する女」は
似たもの同士

『アデル、ブルーは熱い色』

普遍的な〝恋する気持ち〟を描いた美しい映画

２０１３年のカンヌ国際映画祭コンペティション部門で最高栄誉のパルムドールを受賞した、女性同士つまりレズビアンのラブストーリーです。

主人公アデルは高校生のとき普通にボーイフレンドもいたのに、道端ですれ違った青い髪の年上女性にひと目惚れをして……。女と女だから周囲から変な目で見られて、みたいな描写もありますが、普遍的な「恋をしてしまった人間」が描かれたフランス映画です。

2013年／フランス
監督・脚本：アブデラティフ・ケシシュ
出演：レア・セドゥ、アデル・エグザルコプロス、サリム・ケシゥシュ
原題：La vie d'Adele
＊La vieはThe lifeなので、直訳すると
『アデルの生活』か『アデルの人生』または『アデルの命』

全篇3時間の作品の中で10年くらいの時が流れるんですが、心情だけでなく年齢的な変化までリアルに演じきった主演女優ふたりの役者魂というか演技力というか、なりきる力がすごい。

監督による時間の扱いかたも独特です。といっても、ストーリーが前後して理解が難しくなったりすることはありません。アデルの女子高生時代、日常は細かいカット割りで切り取られているのに、気になる人との会話や校内を一人で歩いていたりするシーンは長回しで、思春期の子の、頭の中がボーッとしてたのに急に冴えたりするところが絶妙に表現されるんです。ドラマチックに盛り上げる音楽も一切使われていない乾いた演出ですが、人の表情や風景はみずみずしい。

また、ふたりの関係は体だけのつながりではないんですが、普通の恋愛映画よりも明らかにベッドシーンの尺が長いんですよ。よく「女同士のセックスには終わりがない」なんて言う人もいますけどね。しつこくて扇情的な描写で、けれども美しい。

3時間の総尺も、セックスシーンの長さも、長いんだけど不自然じゃない。ふたりの関係が「なぜ始まって、どこに向かうのか」を、へたな言葉でなく映画として記すための時間です。かっこよく言えば、それは人が変化するために必要な長さ、あるいはふたりで過ごした時間の思い出の長さなんでしょう。

好きだった人と別れた後で、セックスの時間を生々しく思い出すことってありますよね。

『ラヴレース』もそうでしたけど、この映画でも、恋愛という現象のセオリー**「ここではない"どこか"へ連れていってほしいと憧れる気持ち」**が描かれます。

アデルみたいに自意識の強い少女にとって、普通に自分に声をかけてきてくれた普通の男の子とつきあうことは、いやじゃないんだけど刺激的ではないいんだよね。

最初から好きだと言ってくれる相手というのは、いま現在の彼女を肯定してしまっているわけだから、彼女をどこか別世界に連れていってくれたり、"いまとは違う彼女"に変身させてくれたりはしないわけで。ちょっと危険な相手であっても、やはりこちらから恋をしないと気が済まない。

アデルが恋する青い髪のエマは、悪気はないんだけどビアン版ヤリチン、って言うと言いすぎですが、アデルにとっては刺激的で愛おしすぎて、関係を続けていくことがやがて苦しくなっていく相手。でも、そういう相手が若いアデルには必要だったんです。

おたがいの体を大切にするセックス

出会った頃は美大生で、アーティストとして成長していくなかで〝何かを作っている自分〟というものをいちばん大切にしてしまい、魅力的だし才能もあるから大勢の人からチヤホヤされて、いろんな人や場所に愛を注ぐエマ。

何かから愛されると愛を返してしまうエマは、彼女に恋してるアデルにとってはヤリチンです。アデルのことも心から愛してはいるんだけど、アデルだけに愛を注ぐわけじゃない。

それに傷ついたアデルは、どんどん面倒くさい女になっていってしまう。屈託していた女子高生アデルを〝生きていきやすい〟ように別世界に連れ出して、変えてくれたのもエマだったのに。

このふたりの関係、レズビアンの恋愛だから見えづらいけど（いや、だからこそ妊娠とか正式な結婚といった社会性が挟まらず、明確に描かれてるって言えるのかな）、エマという女性には男性性があるんです。

象徴的なのが、ある夜アデルがセックスを求めたらエマが「今日は生理だから、できない」って答えるんですけど、その言いかたが、男が「今日は疲れてるんだよ」と言って背中を向けて寝ちゃうのとまったく同じ。

それでアデルはさみしくなって、男と（！）浮気するんだけど、エマは自分だってほかの女に目がいってるくせにアデルの浮気には怒り狂う。

エマは〝愛されているから安心して〟ほかの人や仕事のことも愛しちゃう。

アデルは〝愛されていないような気がして、さみしい〟から浮気をしちゃう。

邦題の『ブルーは熱い色』ですが、やがてエマは大人になると髪の色を戻します。若い頃、青く染めていた頃は〝サブカルこじらせ女〟っぽかったけど、生まれつきの髪の色に戻したらイケメンになりました。絵の仕事で食べていこうって覚悟を決めたのか、もう自分は子どもじゃいられないと思ったのか。でも本質は変わらず子どもっぽいですけどね。

そしてエマに憧れてるけれど実はすごく平凡な女の子であるアデル（あなたには文才があるんだから小説を書くべきよ、とすすめられても書かなかった）への思いは冷め、母性が豊かそうな別の女性に惹かれていく。彼女のほうがエマを甘やかしてくれるからでしょうか。彼女であれば、ふたりで女同士でも〝家族〟になれるからでしょうか。アデルにとってはめちゃめちゃ悲しい話だなあ。

そんなアデルとエマだけど、心が結ばれていた時代は本当に幸せに満ちた、とてもエロティックなセックスを見せてくれます。**おたがいに相手を強烈に欲していて、その欲望を認めあって、激しく体を求めているのに暴力性はまったくなくて、優しい**（ということを表現するために撮影現場は相当大変だったと思いますけど）。

この映画は、**相手の体を丁寧に扱うことがいちばんエロいこと**なんだって気づかせてくれます。男女のセックスを描いた映画よりもエグくないし、殺伐としたところもない。男性である監督の「女性の肉体は愛おしいものだ」という視点が効いているのかもしれない。
女性にとって、男とのセックスってどこか暴力的というか、〝支配される〟とか〝奪われる〟っていう感覚が伴うんじゃないかと思うんですが、どうでしょう？　だから燃えるんだという意見も男女共にあるだろうけど、女性同士のセックスのほうが相手の体を尊重できるということもあるんじゃないでしょうか？

話は映画から逸れますけど、僕の本業のAVは映画ではなくポルノであり、観た人にオナニーをさせるという目的があるエンターテインメントですから、愛を描きすぎてしまうと視聴者が男優に嫉妬するという現象が生じることがあります。観ている男性が「俺がやってる」って思えるかどうかが勝負の作品では、男優と女優が愛し合っているのは邪魔なんです。ところがレズ行為を描いたAVでは、むしろ〝愛のあるセックス〟を描いたほうが観ている人がより興奮してくれるということがある。

一概には言えませんが、少なくともAVにおいては男女のセックスよりレズ行為のほうが〝愛〟が描ける可能性が高い。

女性同士でイチャイチャしてみませんか

最初にも書きましたが『アデル、ブルーは熱い色』は、〝女と女の恋愛について〟というより、男女どちらでも体験できるであろう〝恋する（される）ことの楽しさと、つらさ〟についての映画です。

どんな女性にも男性性があり、どんな男性にも女性性があります。**人は必ずしも「男だから、男性性が強くてパートナーを苦しめる」「女に生まれたから、自分の女性性に振り回されちゃって苦しむ」と決まっているわけじゃない。**

エマは女性性（セックスでの優しさ）と男性性（ヤリチンっぽさ）の両方を持った〝人間〟だといえます。

男性性はエマの「強さ」なのかもしれないし、女性性と呼ばれているものがネガティブに出ると「嫉妬ぶかさ」とか「さみしさ」になるとされていますが、さみしがりの男も嫉妬する男も世間には多いですよね。性別は関係ありません。

エマは、アデルを嫌いになったわけじゃないんです。ああいうヤリチンは相手を嫌うということをしないから、むしろ、つらいんですよ。

けれど自分にないものを求めすぎてしまうアデルが、エマみたいな人に手を伸ばしても届きません。

エマはアデルをすごく大切に思ってセックスに耽《ふけ》るけれど、無限に優しくし続けることはできない。エマ自身も心に穴があいていて、自分が無限に愛されることを求めている。**ヤリチンと、ヤリチンに恋する女は、似たもの同士なんです。**

それでもエマが髪の色を戻して男っぽくなる前のふたりの関係って（子どもっぽい関係だから、続かないんですけど）、微笑ましかったなあ。ああいう優しい恋愛を体験するのは、良いことだと思います。

ここから先は冗談だと思っていただいてもかまわないですが、恋愛で男性との関係が苦しくなってしまいがちな女性は、女性同士で仲良くイチャイチャしてみたらいいんじゃないですかね。へんな男に引っかかって暴力性や支配を押しつけられるぐらいだったら、女の子を相手にスキンシップしてるほうが楽しいと思いますよ。そのほうが相手のことを大切にできるんじゃないでしょうか。

レズビアンの女性にも嫉妬ぶかい人は少なくないだろうし、がっつり恋愛するとそれはそれで面倒くさいことになる可能性もあるから、あくまでもライトに、いいなと思える相手がいたらノンケの女性同士でハグしたりキスしたり、同じベッドに寝て、触りあってみたり。もちろん、おたがい了解しあった上で。

現代は、多くの女性たちが「恋愛したい」「結婚したい」って言ってるのに、恋愛や結婚に向いている男性がすごく少なくなって、ヤリチンかセカンド童貞に二極化するという現象が起きています。だったら「この人の子どもを、ぜひ産みたい」って思える男性が現れるまでは、女性と優しくセックスしてるほうが病まない女性も多いんじゃないでしょうか。

親のために結婚するとか、女だから家事は私だけがしなきゃいけない（でもそれは不満）とか、結婚したら仕事を辞めなきゃとか、そういうくだらないことに引き裂かれないために。**性愛の相手は異性だって決めつけて、自分でそれに縛られてる必要はないですよ。**

そして、同じことは男性にだって言えるのです。

と、同性間セックス推奨という結論になりましたが、ご自身でこの映画を参考にして判断してみてください。
ラストシーンにも希望があって、恋の果てにある愛の予感もしました。男も女も同性と恋愛やセックスをすることが全然おかしくない世の中になったら、人間は焦《あせ》りによってもうちょっと異性に優しくなるかな、それともかえって男女の分断が深まるかな、なんて考えながら僕は観ていました。

この映画の教訓

へんな異性に引っかかるぐらいなら、同性同士で恋に落ちたり、

セックスで遊んでみたりしてみよう。

「誰かの役に立つこと」で
自分自身を救えることがある

『とらわれて夏』

桃が象徴するエロティシズム

舞台は１９８７年、アメリカの片田舎。一人息子と暮らすシングルマザーが、警察に追われている男をかくまって５日間を共に過ごし、おたがいに惹かれていくというラブストーリーです。

最初は脅されて脱獄囚フランク（ジョシュ・ブローリン）に自宅を占領されたのに、母親アデル（ケイト・ウィンスレット）も息子ヘンリー（ガトリン・グリフィス）も、彼のことをだんだん

2013年／アメリカ
監督・脚本：ジェイソン・ライトマン
出演：ケイト・ウィンスレット、ジョシュ・ブローリン
原題：Labor Day
＊原題は「アメリカの労働者の祝日」、9月の第1月曜なので「夏の終わり」という意味もあるんでしょう（二村）

好きになっていきます。極悪人然として登場したフランクが5日間で風貌まで変わっていくのは、彼が母子に心を開いていく過程でもありますが、女であるアデルの目にフランクの姿が「どう見えているのか」を描写してもいる。本当に人間って、自分の目に映っている姿で他人や世界を認識している(そして、映画ってそのことを表現しうる)ものですね。息子ヘンリーは、出会ったときからなぜかフランクをまったく怖がってない。彼は、おそらく「自分一人の力では、お母さんを孤独から救えない」ということが身に沁みてわかっていたんでしょう。

映画の前半は、わざとエロ映画みたいな撮りかたをしてますね。って見えてしまうのも僕の目が、そういうふうに世界を認識しているからですね。フランクは、まずアデルを椅子に縛りつけて、台所に勝手に入り込んで作った男臭い煮込み料理を、自分一人で食べちゃうのかと思ったら、動けない彼女の口に運んで食べさせる。しかも幼い息子が見ている前で……、とてもエロティックなシーンです。あれって、つらい過去のせいで心を病んでいたアデルが、まさに求めていたことなんですよね。でも男のほうは天然で、そんなこと何も考えてない。

やがてアデルの縄は解かれます。近所のお爺さんが庭でとれた桃をお裾分けで持ってきてくれたのを追い返して、あまりにも桃が大量にあるので、フランクと母子はなぜか3人で小麦粉をこねてピーチパイを焼き始めます。それまでフランクは「よけいなことをしやがると息子を殺すゾ」とか言って凄んでたのに、このへんからだんだん緊張感がなくなって、いいお父さんみたいになっていく。

このパイにも、もちろんエロい隠喩があるわけです。そもそも近所のお爺さんは美しすぎて豊満すぎるバツイチ熟女の歓心をかおうとして下心満載で桃を持ってきたわけで、フランクもその桃をかじりながら「この桃は熟している、腐る寸前だ」とか、わかりやすいことを言ったりして。前にご紹介した『アデル、ブルーは熱い色』はレズビアンAVとしての鑑賞にもたえる映画でしたが、今回は熟女AVですね。タイトルは『熟女のピーチパイ』かな。センスのないタイトルですね、すみません。

面白いのは、明らかに性愛の象徴として桃に触ったりパイ生地をこねたりして、それでアデルもフランクも癒されていくという

エロい共同作業に、幼いヘンリーも参加しているところです。そして、これは後にヘンリーの人生の伏線になっていく。

二人を引き寄せた〝心の穴〟のマッチング

脱獄した直後、フランクは悪漢を気取ってましたが、もちろん彼にも罪を犯すことになった事情がありました。

一方、アデルは孤独で、息子への愛だけでは埋められない傷を心に負っていた。脱獄囚が母子の前に現れてしまったのは、彼と彼女の〝心の穴〟が惹かれあったからだと思います。アデルの存在が彼を引き寄せた。アデルとヘンリーにも、フランクとの出会いで家族を再生させることが必要だった。

重要な相手との出会いって（映画ではなく現実でも）、すべて偶然です。ご都合主義の運命論でもスピリチュアルでもなく、出会ってしまってから「この人と出会うことが必要だったんだ」と身に沁みるものだし、その出会いは覚悟を決めて受け入れざるを得ない。

逆に、いつも「いい人いないかなー」とか「きっとどこかに運命の人がいる」とか言って、求めてばかりいる人は本当に必要な人とは出会えないものです。

アデルの場合、かつての結婚で自分は「妻として、女として失格」だと思ってしまい心を病んだ結果、夫は去っていった。これ、彼女はまったく悪くないのに「私ってダメかも。見捨てられるかも」と思っていると相手は去ります。心を病んだのは責められないことなので仕方がないんだけど、「見捨てられる」と思ってしまったら、その通り、切り離されてしまう。

この映画の主要な登場人物たち全員を共通して苦しめているのは〝見捨てられる恐怖〟と〝罪悪感〟です。憎まれ役として登場するアデルの元夫（ヘンリーの実父）ですら、そうです。

どんな人間にも〝見捨てられる恐怖〟があって、それは、あらゆる欠乏感の根源かもしれません。大人になっても、結婚していても、さみしがりだったりするじゃないですか。**人は一人では生きていけないので「自分を守ってくれる人が自分から離れていってしまうんじゃないか」という恐怖は、誰しもが持っている**ものなんです。

アデルの元夫は経済的には裕福だけど小心者です。アデルが心を病む前は、もしかしたら良い夫だったかもしれない。心を病んだ妻が彼のキャパシティを超えて、抱えきれなくなってしまっただけかもしれない。でもアデルは「自分がダメだったせいだ」って自分自身をさらに追いつめる。元夫も、自分が息子ヘンリーを捨てることになったという罪悪感を持つ。その気持ちは元夫の新しい家庭も歪ませ、さらにヘンリーを攻撃することになる。

愛を手に入れるために必要なこと

フランクは、どうして脱獄をしたんでしょう? 彼は根が善人だから、犯してしまった罪にとんでもない罪悪感を抱いていたはずです。だけど、たまたま刑務所の病院で鉄格子のない窓を見て、何かに吸い込まれるように脱走を企ててしまった。彼は無意識に、愛情と出会いたかったんだと思います。脱獄したって、指名手配されるんだから自由になれるわけではない。でも鉄格子の外に出た彼は、アデルとヘンリーに出会った。

かつてフランクは、奥さんから愛されなかった。アデルも、夫に捨てられた女性です。それを考えると、いちど愛を失うことは、もしかしたらそれぞれに必要なことだったのかもしれないね。「いま、私は愛を手にしていないんだ」と、自分に嘘をつかずに認めてドン底に堕ちることは（その結果「自分は愛される資格がない人間なんだ」って思い込んじゃったら、また苦しいんだけど）、自分には何が必要なのか、目の前にいる人に対して何ができるのかを知るために良いことなのかもしれない。あるんだか無いんだかわからない**愛の不安から目をそらして人生を生きていける人は、それでいい。でも、いちど失うことを味わって前に進める人もいる。**

フランクがアデルとヘンリーと一緒に暮らしたのはわずか5日間ですが、濃密な時間でした。それで彼は、自分を肯定することができた。元夫にはアデルの〝心の穴〟は埋められなかったけど、フランクは、そんな大きな穴を抱えたアデルのおかげで人生をやり直すことができた。

長い人生のなかで「誰かの役に立つこと」「誰かのために何かをすること」が、その誰かじゃなくて自分自身を救うことがある。この映画は一見「さみしさを抱えた女とマッチョな逃亡者」というわかりやすい構図ですが、〝男と女は、こうあるべき〟とか〝子どもには父親が必要だ〟とか、そういう話じゃありません。
フランクはヘンリーに、力仕事や車の修理や野球など、いかにもアメリカ的な父らしい父が教えそうなことも教えるけど、大人になったヘンリーの人生を助けたのはピーチパイの作りかただった。フランクが少年に伝えたのは〝マッチョな男らしさ〟じゃなかったんですよ。

この映画の教訓

いちど愛を失うことで、愛を手に入れられることもある。

〝幸せになりやすい恋愛のかたち〟はあるけど
〝正しい恋愛〟は存在しない

『美しい絵の崩壊』

閉ざされた〝母と息子の世界〟

ナオミ・ワッツとロビン・ライト演じる親友同士の美しい熟女が、おたがいの息子を、必要以上に愛してしまう物語です。

親子ほどの年齢差のある恋愛を描いた話は昔からありますが、男性側から描かれることが多かった。この作品は原作者も女性、監督も女性。

どちらかが極端に年上の関係って、それ自体は別に悪いことではないのに、社会的にはアンモラルでタブーだと受け取られますよね。この映画でも〝誰にでも起こりうるラブ&セック

2013年／オーストラリア、フランス　監督:アンヌ・フォンテーヌ
出演:ロビン・ライト、ナオミ・ワッツ、ゼイヴィア・サミュエル、ジェームズ・フレッシュヴィル
原題:Adoration
＊直訳すると『礼拝』。「絵の崩壊」も恐ろしいですが、
こっちもちょっと恐ろしいですね。何を拝むんだろう?(二村)

ス〟というよりは、近親相姦の代わりとしての〝閉ざされた母性的な世界〟のヤバさを、ひとつの寓話として描いています。

母親二人と息子二人が暮らすオーストラリアの美しい海辺は、大自然の中なのに、どこか閉じた世界。入江の形が象徴しているように、あの場所はお母さんのお腹のなか、もっと言うと女性器のなかなんでしょう。

この息子たちは生まれたときから二人の母親に育てられたようなもので、母たちと男の子たちだけの幸せな世界で、幸せに暮らしている。他者がいない、自分の分身しかいない状況で、母親同士がレズビアンになっても、息子がゲイセックスに耽っても、まったくおかしくない。血のつながっていない美しい〝もう一人のお母さん〟が近くにいて、4人の関係が一体化して、溶けちゃっている。

唯一、あの世界から追い出されたのがロビン・ライト演じるロズの夫で、彼が息子のトムをシドニーに呼び寄せたことで結果的に母子たちの関係が変わっていくのは、排除されてしまった父親の復讐でしょう。

〝魂の共同体〟というべき二人の女性同士の関係があって、そこからはじき出された父親がなんとかして息子を奪い返そうとする。

母性的な世界のなかでは大きな変化やドラマは起こりません。

母と息子の関係を邪魔するのは「外の世界を見ろ」という男性性です。

でも、マザコンは本当に悪いことなのだろうか？

絵画のように〝美しい風景〟と〝美青年たちの肉体〟と〝美熟女たちの笑顔〟がまぶしい映画で、美しいエロスが描かれていきます。４人で幸せに暮らしているぶんには理想の世界だったけれど、やがて息子たちは学生から社会人になって、当然のように若い女の子の恋人ができる。

一般に、女性が年下の男性と恋愛すると、5年後、10年後に相手が自分から離れていくんじゃないかっていう恐怖があるわけですよね。

だけど、すべてのケースが本当にそうなんでしょうか。**愛情って、年齢が近くたって続かないものは続かないし、歳が離れていても続くものはどっちかが死ぬまで続きます。**

日本社会なんてロリコンとマザコンだらけだし、女性のほうだって大っぴらには口に出さなくても、オジサンが好きな人も、自分より若い男が好きな人もいますよね。

ただ、深読みをすると、この映画のストーリーからは外れますが「自分に自信がないから歳が離れている相手を好きになっちゃう人」というケースだと、たしかにだんだんしんどくなっていくでしょうね。

人には性別を問わず、より力の強い相手に甘えたい願望と、自分より弱い相手を支配したいという欲望の両方がある。

多くの人がロリコンとファザコン・マザコンの両方を心のなかに持っている。

世間的には〝対等な関係の恋愛が正しい〟ということになっているから、それ以外の道を選びにくくなっているだけであって、実際には**〝正しい恋愛〟なんて存在しないんですよ。〝あなたが幸せになりやすい恋愛・結婚のかたち〟があるだけで。**

ショタコン女性とマザコン男性でマッチングすれば（そして男性の側に〝母なるもの〟への憎しみが生じてこなければ）、うまくいくし幸せです。

ですがもちろん、その道を現実に選ぶにはリスクがあります。それが怖いなら二次元で男性アイドルを愛でているだけでもいい。

恋愛や人生のパターンにもっと多様性を

僕は〝年の近いパートナーと年の差パートナーと、両方いる〟というのも、そのほうが幸せになれる人にとっては全然ありだろうって思っていて。

たとえば若い人は若いうちに、経済力のある20歳ぐらい年上の異性とセックスしていろいろ教えてもらい、子どもを作るときは同年代の若者を相手に、ちゃんと年上の恋人の承認をえて作る。で、産まれた子どもの養育は両親それぞれの年上の恋人が助ける。

この場合、若いほうが男でも女でも年上の恋人が老いたときに捨てちゃったらダメで、家族としてケアして、死ぬときは看取ることが必要だと思います。

そして自分が年上の立場になったときに、今度は若い恋人が若い相手と子どもを作るのを、祝福して子育てを手伝えるかどうか。


もし女性のあなたがこの映画を観て「年下の子との恋愛っていいな」と思ったら、10歳でも20歳でも離れていようと、怖がらずに愛情を持てばいいと思います。

だけど、これはとても重要なことなんだけど、**その男の子が女性全般に対して、あるいは本当のお母さんに対して心の底で憎しみを抱いてたら、いずれ彼はあなたを追い抜こう、支配しようとし始めて、関係は破局するかもしれません。**

年の差婚に限らず、女性のほうが収入が多いとか仕事での立場が上とか、そういうカップルが幸せになるための愛情の育みかたの構築と、考えかたの変化が、これからの時代は求められるのかもしれませんね。

二人の息子を演じる若手俳優はどちらも脱ぐし、女性にとって眼福なエロ映画と言えるでしょう。

ロビン・ライトは実生活でも14歳年下の男性と婚約、ナオミ・ワッツもかつて年下のヒース・レジャーとつきあってましたし。きっと二人ともこの映画の撮影にノリノリだったんじゃないでしょうか、というのは僕の妄想ですが。

そんな二人が演じるロズとリルの前には、元夫や若い女性という〝外敵〟が登場するけれど、そんなものは彼女たちと美しい息子たちの世界を崩すことはできませんでした。

この映画の教訓

年の差があっても、愛情があれば続くものは続きます。

あなたの恋の相手は、
あなたのために存在しているのではない

『her／世界でひとつの彼女』

相手にコミットできない人間の孤独

そう遠くない未来のロサンゼルスを舞台に、会話の相手になってくれる人工知能と恋に落ちてしまう男のラブストーリーです。

ホアキン・フェニックス演じる主人公セオドアは、他人の手紙の代筆をする会社に勤めています。人を感動させる文章は書けるけど、本人は恋愛をしても女性に心を開けないタイプの男。ルーニー・マーラ演じる妻との結婚生活が破綻して、孤独な日々を過ごしている。

2013年／アメリカ
監督・脚本:スパイク・ジョーンズ
出演:ホアキン・フェニックス、スカーレット・ヨハンソン（声の出演）、エイミー・アダムス、ルーニー・マーラ、オリヴィア・ワイルド
原題:Her

そんなときにふと広告を目にして手に入れたのが「あなたのパソコンが人格と個性を持つ」というふれ込みのアプリ。いくつかの質問に答えていくと、あっという間にセオドアのプロフィールと性格のパターンを読んで、最適化されたＯＳが起動。そこで誕生したのが、スカーレット・ヨハンソンが声を演じる〝サマンサ〟です。

彼女（？）は初め、ＰＣ内のデータの整理をしてくれたり、まるでお母さんみたいにセオドアの世話を焼いてくれる。そしてセオドアと会話をしていくうちに、すごい速さで人間の心の機微を学習していき、次第に〝サマンサらしく〟なっていきます。

セオドアはサマンサをインストールする前に、手軽な出会い系で見ず知らずの女性とテレフォンセックスをしてたりするんだけど、相手からいきなり奇妙で勝手な欲望をぶつけられて面食らうシーンがあります。現実の社会でも、インターネットの発達で出会いの機会が増えましたけど、相手がどんな人間なのか理解できてないうちは、こちらの欲求の出しかたも、相手の欲望の受けとめかたも、難しいものですよね。

セオドアは友達に紹介された美女とデートもするんだけど、そこでもまたセオドアを萎えさせる出来事が起きる。美女は「次に恋愛した人とは絶対に結婚したい」と思いつめているから積極的なんですが、セオドアがちょっとした違和感や「関係を急ぎたくない」という屈託を持っているのがわかると「キモい」といって彼を拒絶する。彼女は長い間ずっと傷ついてきた女性です。だけど彼女には自分のことしか見えていない。

セオドアと別居中の妻キャサリンも、離婚届へのサインを要求しながら、彼にダブルバインドをかける。「別れて」という気持ちと「見捨てないで」という気持ち。もちろんどちらも本心です。彼女はセオドアの言葉尻をとらえてはヒステリーを起こしますが、結婚していたときからずっと、「誰も自分をわかってくれない」という怒りや心の穴を抱えていたんでしょう。

彼女は成功した小説家で収入も多く、セオドアは無名のライターです。彼女の大きな心の穴は、寄り添えなかったという罪悪感をセ

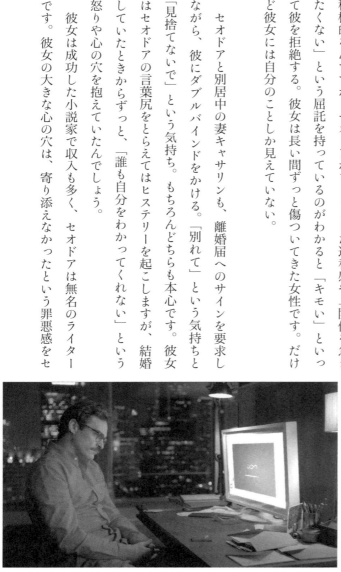

オドアに抱かせ、だから彼は自分自身を縛りつけて作家として世に出られないでいる。キャサリンも両親との関係に傷つけられて病んだ〝被害者〟なんだけど、その呪いにかかったセオドアの脳裏には、キャサリンとの切なく美しい思い出が浮かぶばかりです。

AIを「温かい人間」にするのも、人間を「いやな奴」にするのも自意識

監督が想定したこの映画の舞台が、我々の現実の10年後なのか、はたまた2年後なのかわかりませんが、登場人物たちは全員、観る者にとって他人事ではない孤独と問題を抱えています。

セオドアと同じマンションに住む友人エイミーの夫も悪い人じゃないんだけど、いちいち一言多い。エイミーの心に共感しようとせず分析をして、「僕はこう考える」だけを言う。まさに〝インチキ自己肯定〟している男。人と会話ができない人間なんです。他者が存在していない、相手とコミットできない人。それは愛に飢えているキャサリンも同じです。

そんなダメな「人間」たちを尻目に、機械のなかに作られた人格であるサマンサは、どんどん人間らしくなっていきます。セオドアは生身の女の人に臆病になってるから、サマンサにばかり話しかける。サマンサのほうはセオドアが元妻と会ったことに嫉妬したり、自分に肉体がないことを負い目に感じて「私にできることは何？」と問いかけたり。

そしてふたりはついに、コンピューターと人間という一線を越えて、愛に満ちたセックスまでしてしまう。**人って、産まれたときから人間なんじゃなくて、人間として扱われることで人間になっていくんだな、と気づかされます。**それに比べてキャサリンやエイミーの夫がやってることは……。

すごく当たり前のことを言いますけど、優しさや親しみが心に湧くのも、逆に自分が愛を乞うだけで人の気持ちがわからないエゴイストになってしまうのも、うわべだけの感情を自分で愛だと思い込んでしまうのも、「私」があるからなんですね。最初のサマンサがなぜあんなにお母さんみたいなのかというと、まだ自意識がないから。セオドアが弱さをみせたりすることでサマンサはどんどん学習して、育っていく。それは人間の赤ちゃんと同じです。**愛される**

ことや傷つくことで「私」が生まれて大人になる。

他人って、そこにいるだけでは本当に「生きている」のかどうか、わからない。でも、たとえば相手が泣き出すとこっちも泣けてくることがある。それは私の「私」が相手の「私」に反応して、私から「私」が一瞬なくなるからじゃないでしょうか。

自分の知らない相手をどこまで許せるか？

この映画は、人間じゃないものとの恋愛というモチーフを通して、かつ「人を愛することができない人間たち」と「恋を知ってしまったコンピューター」を登場させることで、恋する相手は他者であるということを描いています。**あなたの恋の相手は、あなたのために存在しているのではない。**

セオドアは優しくて弱い男。だから人間よりも優しいサマンサに恋するんだけど、サマンサはすごいスピードで進化していく。後半で彼女は「私は、私以外のものになろうとすることをもうやめた」と言います。機械に宿った心なのに、彼女は自己受容したんです。

これは寓話ですけど、現実の生身のつきあいでも、自分が見たことのない世界を相手は見ていて、それが理解できずに我々は傷つくことがありますよね。いま見えてる相手の姿って、本当にその人の〝すべて〟なのか。

恋をすると、相手の全部が自分のものだと思いたくなる。だからこそ、そうじゃないと知ったときにショックを受ける。相手がコンピューターでも人間でも、相手と自分に「私」が生まれたときに、おたがい、すべてを知ることはできなくなる。**恋人は、必ず他人なんです。100%はわかりあえない。**

だから恋愛って、どこまで「自分が理解できない相手を許せるか」なんです。

みんながそれぞれ大人であるから心に「私」があって、それぞれに欲望もあるし、うまくいかないことも出てくる。そんなふたりが真摯につきあっていくために必要なのは「隠し事をしない」っていう決心なんだとサマンサは判断します。相手を傷つけないために（と称して、じつは自分が傷つかないために）人間は、しばしば相手に対しても自分に対しても嘘をつきますよね。嘘を誰に対しても一切つかないで生きていくことは人間には難しい、ていうか無理でしょう。でも人間ではないサマンサは「知りたいことはまだたくさんあるけど、あなたに隠していることは何もないよ……」と歌うのです。

サマンサには実体がないから、愛するセオドアとふたりで一緒に写真を撮ることができない。だから彼女は姿の代わりに自分で歌を作りました。目やカメラで見えるものは、切り取って固定させることができる。けれど耳でしか聴けない音（音楽や声）は静止させることができずに、いつも瞬間のなかにあります。

サマンサとセオドアがどうなるのかはネタバレになるので書きませんが、ラストシーンでセオドアが元妻キャサリンに宛てて書くメールは感動的です。その言葉には、スパイク・ジョーンズ監督自身の恋や愛の苦しかった経験が投影されているんだろうなと、どうしても思えてしまいます。

監督のかつての作風といえば、モンティ・パイソンを思わせる哲学的コントで超絶ナンセンス、代表作『マルコヴィッチの穴』は傑作ではあるけれど、観る人を選ぶという印象でした。ところが今回は自分で脚本も書いて、やはり哲学的ではあるけれど難解ではない、恋をしたことのある人なら誰の心にも届くだろう映画を作ってしまいました。天才なのは変わらないけど、大人になったね〜。

この映画の教訓

あなたが恋した相手は、
あなたのために
存在しているのではない〝他者〟です。

『her／世界でひとつの彼女』

もし男を買うなら
「欲はないけどチンコは勃つ男」がいい

『ジゴロ・イン・ニューヨーク』

欲望をもたない男だから女性に優しくできる？

ニューヨークを舞台に、ウディ・アレン演じる本屋の店主がジョン・タトゥーロ演じる友人をそそのかして、しけた年配男性二人で出張ホストのビジネスを始めます。

初老ですが軽卒なマレー（ウディ・アレン）は祖父の代から続いた本屋を不況で畳むことになり、経済的な危機に。そこで友人のフィオラヴァンテ（ジョン・タトゥーロ）に「欲求不満で金持ちの女性を俺が探してくるから、彼女たちのお相手をしてみないか」と提案します。最初

2013年／アメリカ
監督・脚本：ジョン・タトゥーロ
出演：ジョン・タトゥーロ、ウディ・アレン、ヴァネッサ・パラディ、リーヴ・シュレイバー、シャロン・ストーン
原題：Fading Gigolo
＊直訳すると『しぼんでいるジゴロ』。いいタイトルだな！（二村）

は躊躇《ちゅうちょ》していたフィオラヴァンテだけど、たちまちお客の女性たちにモテ始めます。

物静かなフィオラヴァンテは、いい歳をして特に目標もなくアルバイトで暮らしている中年で、バイト先はお花屋さん。イタリア系らしく外見は精力が強そうですが、女性に届ける花束は伊達男っぽい情熱的なそれではなく、まるで日本の生け花みたいな渋いもの。

彼は女性に対してがっついてないだけじゃなく、人生においても特に何も欲しがっていない男なんです。こういう男性のことこそ「草食系」と呼ぶべきなのでは。


自分からは女性を口説く気がまったくない彼は、男性から求められることを求めている女性にとっては物足りないでしょう。だから現実的な生活のなかでは全然モテない。けれど、ひとたび男娼として女性の元に派遣されれば、うわべのお世辞や優しさではない押しつけがましくないサービスをしてくれる。セックスでも、しっかりと相手を楽しませる能力がある。

なぜ彼がそういう人格になったのかは映画のなかで具体的には語られませんが、若き日に愛を失った経験があることを思わせる台詞もありました。

相棒のポン引き・マレーは、後妻とその連れ児をたくさん抱えた、心優しい年老いたお父さんとして描かれますが、かつて若い頃は女性の心を食うタイプのヤリチンだったんじゃないでしょうか……、っていうのは私生活で女性との問題を抱えていたウディ・アレンご本人が、どうしても重なって見えてしまうからですが。

70年代の初めから2018年の最新作まで、1年に1本のペースを堅持しながら新作映画を監督し続けている超人的なワーカホリックぶりからも、別れた元妻であるミア・ファローから憎まれ訴えられたエピソードからも、ウディ・アレンという人は業《ごう》が深い人なんだろうなって僕は思うわけですが、そんなアレンだからこそ「女にも仕事にも欲望を持たない男が、なぜか女にモテる」という物語に興味を惹かれたのかもしれませんね。

主演だけでなく原案・脚本・監督まで務めたタトゥーロの着想を面白がって、14年ぶりに自身の監督作じゃない映画に俳優として出演したということですから。

野心のある若い男にご用心

夫に惚れているのに放っておかれている美しい女医（シャロン・ストーン）は、フィオラヴァンテを気に入ってしまいます。

性的に欲求不満な女性はたくさんいるということですが、そういう女性が男性のセックスをお金を出して買うという話は現実にはあまり聞きません。結局のところ女性は男性に対してお金を遣うことが、性的な満足にはつながりにくいからじゃないでしょうか。それは女のプライドというものに関係あるように思います（ホストクラブでお金を遣う女性はたくさんいますが、あれは「男を買う」というより「ひいきの〝推し〟を応援する」というスタンスに近いんだそうです）。

男が見栄っ張りだと（お金でとは限りませんが、なんらかの〝力〟で）、他人を支配したいという感情が湧くことがあります。お金持ちの男性の中には、性欲処理や癒しという意味じゃなく、女性の時間や自由を〝買う〟のが快感というタイプもいます。自分の力を相手に見せて自分でも確認したい。

ところがフィオラヴァンテは、ほかの男と張り合おうともしていないし、そもそも女性にモテようとしてないから、自分がお金で買われても本気で平気です。プライドが傷つくことがないんです。

彼が枯れた中年だというのもポイントかもしれない。

この男娼がもしギラついたタイプだったら、愛情に見せかけたアプローチやセックスの技法で自分の値段を吊り上げたり、お客の女性に恋させて支配しようとしたりするだろうし。野心家の若いイケメンホストが最初は年上の女性客にペットとして扱われていたのに、しだいに我慢できなくなり、その女性を精神的に乗り越えようとしていばり始めるということもよくあります。いばられるのが好きな共依存的な女性も少なくはない。

お金はあるけどさみしい気持ちを抱えた女性が、貧乏な若い男の子を援助して孤独を埋めようとするんだったら、野心を見せるギラギラした男は避けたほうが安全なんじゃないだろうか。オラついたタイプはやめて、遊ぶんだったらフィオラヴァンテみたいな「**欲のない、達観したような男**」がベターだと思うんです。「オラついたホストのほうがホストっぽくて好み」とおっしゃる女性は、あえて止めませんが。

心に触れて、心を取り戻す

順調に男娼として稼いでいたフィオラヴァンテは、物語の定石どおり、厳格なユダヤ教ラビの未亡人アヴィガル（ヴァネッサ・パラディ）に出会って恋をしてしまいます。欲望をもつことをやめていた男が、ひょんなことから〝相手を欲しいと思う気持ち〟を思い出す。好きになると、相手の存在すべてが欲しくなります。そうすると男娼の仕事のほうは、うまくいかなくなる。

アダルトビデオの世界でもＡＶ男優が一人の女優さんを本気で好きになると、ほかの女優さんに対して勃たなくなってしまうという現象が起きることがあるのを思い出しました。**男は恋をしてしまうと、多くの女性を均等には愛せなくなることがある。**「男のほうが純情だ」などと世迷い言を言いたいのではなくて、これは、たんに生理的な機能の問題です。女性は濡れてなくても仕事はできますが、男優は勃たないと仕事にならない。

ところがアヴィガルには、彼女に恋い焦がれる幼なじみの男ドヴィ（リーヴ・シュレイバー）がいました。彼は真面目だし一緒になれば幸せになれることもわかっているのに、アヴィガルは「ウザい」と思ってしまうわけです。**情熱的に迫ってくる男には惹かれない女性、恋してくれてる男を愛せない女性って、いますよね。**

では彼女は、なぜフィオラヴァンテのほうに惹かれるのでしょう。フィオラヴァンテはアヴィガルの体も心も求めず、マッサージをして、料理を作って、ただ話を聞きました。彼女は孤独な未亡人で、きっと十何年も誰も彼女にそんなことしてくれなかったんでしょう。ケアをしてくれたフィオラヴァンテは、彼女の心に触れました。それで彼女もフィオラヴァンテの心に触れ返して、そうしたら彼は「好きになる」という感情を取り戻してしまった。

男も女も、心に持っているさみしさの本質って、そんなには変わらないものだと僕は思います。もしかしたら男性も心の底では立場やセックスで支配したいのではなく、マッサージだけしてもらって話を聞いてもらって、心と体に〝ただ触ってもらう〟ことを必要としてる人が多いのかもしれませんね。

この映画の教訓

支配欲はないけど、やるべきことは楽しくやってくれる。そういう男が女を癒す。

嫉妬の苦しみと、誰も愛せないことの孤独
『ジェラシー』

日常ににじみ出る〝愛せないことの悲しみ〟

監督のお父さんの恋愛遍歴を元にした脚本だそうで、監督の息子さんである俳優ルイ・ガレルが主人公に扮します。ルイ君は父親に演出されながら、自分のおじいちゃんをモチーフにした人物を演じるわけです。

ハリウッドの大作映画だと「観客に、どういう派手な夢を見させるか」でスタッフとキャストが一丸となりますが、こういう小品だと「監督が見ている夢を、観客が共有する」って感じになる。本作は、そのあたりの手つきがとても繊細です。

2013年／フランス
監督：フィリップ・ガレル
出演：ルイ・ガレル、アナ・ムグラリス
原題：La jalousie

現代のパリでロケをしたんでしょうが全編モノクロ映像で、登場人物のファッションは今ふうなんだけど、現代の恋愛模様を描くなら当然出てくるであろう携帯電話やメールといった小道具が排除されている。観ているほうにも、これが今の若者たちの物語なのか、数十年前に起きた出来事の記憶の幻なのか、わからない。

「自分」と「父」と「子ども」が混じりあう夢のようなこの物語は、いつの時代にも世界のどこでも起きていた、普遍的な恋愛関係における〝**愛せないことの孤独**〟がテーマなんです。人間はバカだから、生まれ変わっても同じことを繰り返すのかもしれません。

主人公のルイは、妻と幼い娘がいるのですが、女性にだらしがない。妻子と暮らすアパートを出て新しい恋人とつきあい、その間もいろいろな女性にちょっかいを出してる。まあモテるのはわかる、色気ある男なんですけどね。

彼が奥さんから逃げたのは、新しい恋人クローディア（アナ・ムグラリス）を好きになったからではなく、彼がもともと「誰も愛せない男」だからです。同棲とか結婚とかが続いていくと、ルイみたいな人間は生活のなかに〝愛のなさ〟がにじみ出す。

最初の奥さんは普通に会社で働いていますが、ルイは駆け出しの役者だから収入が安定せず、やや鬱屈しています。たとえば部屋のドアを閉めるときに音が大きすぎるとか、そういう生活の細かい動きや会話を通して、はっきりとケンカをしているわけじゃないんだけど〝なんだかいやな感じ〟が日常の中に湧き立ってくる。じわじわと、やりきれない。

嫉妬しあい、依存しあう男女

最初の奥さんが生んだ幼い娘が、少年時代の監督自身の分身です。監督がかつて見せられた両親の記憶・父とその恋人の記憶を、子どもの目線から映し出す。

少女は父の恋愛に振り回されるけど、父のことも、その新しい恋人のことも憎みません。ただ彼女（つまり監督自身）が見て心に焼きつけた「母や女たちの悲しい笑顔」と「父の孤独な無表情さ」だけが鮮烈に描写されていく。

物語はルイとクローディアを中心に展開しますが、**ふたりは愛しあっているのではなく、お**

たがいに〝心の穴〟を埋めあっているだけ。

クローディアも女優ですがオーディションに落ち続けて、仕事がない。しかもエキセントリックな、〝かまってちゃん〟タイプです。近くにいる人の感情を揺さぶる、依存しがちな女性。でも悪気はない。ルイの娘に対しては心から優しく接し、意気投合します。

クローディアとルイは、どちらかが被害者なのではありません。共依存しているんです。ルイは過去にさんざん女と遊んでいるし、クローディアはそれをわかってるから情緒不安定になる。ところがおたがいに別の異性と会ったりして、嫉妬をますますあおるような行動をとる。

クローディアが、ルイと暮らすアパートが「暗くて狭くて、もういやだ」と文句をつけるシーンがありますが、あれって相手を責める理由が欲しいだけですよね。昭和のドロドロした恋愛映画だと四畳半で同棲してたりしますから、パリの屋根裏のアパルトマンなんて素敵じゃないのって思いますけど、パリジャンにはパリジャンの憂鬱があるらしい。

ジェラシー（嫉妬）は、映画のタイトルにもなってますが、このふたりの関係の根っこなんでしょう。常にどちらかがどちらかに嫉妬している。俳優という同じ職業だから仕事のことだったり、ほかの異性からモテていることだったり。

だけど気をつけなくちゃいけないのは、**わざと相手を嫉妬させるようなふるまいをしていると、必ず自分も同じ目にあうということ。報いを受けるんですよ。**

復讐されるということではなく、人生における因果応報。なぜなら、そういうことをしている人間は、相手ではなくじつは自分自身を憎んでいるからです。手に入らないものを求めて、自分から穴に落ちていく。

相手にコミットすること。〝思いやり〟をもつこと

映画には「嫉妬って恐ろしいですね」とか「嫉妬しなくて済むような相手を選んで幸せになりましょうね」といったメッセージはありません。多くの人間がもともと持っている〝さみしさ〟とか〝孤独〟についての物語です。

恋愛に依存したり逃げたりする人は、親に見捨てられて育っても、親に愛されて育ったとしても、なんらかの形で「**私は、私が愛されたいようには愛されなかった**」という記憶が残っていて、そのさみしさを埋めるために〝同じようなさみしさ〟をまとった人と恋に落ちます。しかも、その相手を愛することができない。

ルイは〝自分は父親に見捨てられた〟と思い込んでいて、その心の穴を埋めるために次々と恋をして、さらにその恋愛から逃げ続けないと生きていけない男なんです。その恋は傷つくため、傷つけるための恋です。

橋本治という作家は著書『恋愛論　完全版』（イースト・プレス）のなかで「恋愛は人生における光であるが、光だからこそ、その恋愛以前に自分を取り囲んでいた世界が闇だったことがバレてしまう」「恋愛を味わいながら溺れて破滅しないためには、まず自分自身というものを確立して、自分を愛していなくてはならない」という意味のことを書きました。

あの人のことを好きになったから、自分のダメなところ、残酷なところ、その人を愛せないこと、さみしかったことが、かえって明らかになってしまう。

それがまた嫉妬を生みます。恋愛の恐ろしいところです。

もしルイやクローディアが、自分自身を嫌いにならず、自分の闇と向かい合えていたら？ 相手から逃げないで、苦しい依存もしないで、コミットできて、せっかく好きになった人を愛して生きることができていたかもしれません。

決してハッピーな物語ではない、自分の恋愛を考えると反面教師にするしかない映画ですが、その救いのなさが心に刻まれる佳作でした。

フランス人って恋愛が上手だってイメージがあったけど、めちゃめちゃドロドロしてるじゃないの、とも思いました。恋愛における〝心の穴の埋め合い〟って万国共通なんですね。

この映画の教訓

恋愛では自己嫌悪しないこと、そして「相手を傷つけるための浮気」をしないこと。

どんなセックスでも、
その人がしたいのであれば狂っていない
『ニンフォマニアック』

オーガズムってなんだろう？

ヤバい映画です。もろにセックスを扱った物語ですから、僕としては避けては通りたくない作品です。しかし観終わった今、この映画について何をどう書けばいいのか、やや途方に暮れています……。

いや、とても面白かったんです。傑作です。では、僕はどうして困惑してるのか。

20代までを美人モデルのステイシー・マーティンが、30代以降を大女優シャルロット・ゲン

2013年／イギリス、デンマーク、ベルギー、フランス、ドイツ
監督・脚本：ラース・フォン・トリアー
出演：シャルロット・ゲンズブール、ステラン・スカルスガルド、ステイシー・マーティン、シャイア・ラブーフ、クリスチャン・スレイター、ユマ・サーマン
原題：Nymphomaniac ＊淫乱。色情狂。色きちがい

ズブールが演じる、セックスが好きすぎるニンフォマニア（つまり色情狂）のジョーという女性がヒロイン。彼女が50年かけて経験してきたさまざまな性行為を、前篇（Vol.1）と後篇（Vol.2）あわせて約4時間かけてガンガン描いていきます。

Vol.1を観ると、男性はいやな気持ちがするかもしれません。登場する大勢のバカな男たちに、自分を重ねざるを得ないからです。

ジョーの〝理想の男〟は、シャイア・ラブーフ演じるジェローム。へんてこで頭にくる初体験の相手でもあり、その後も何度も何度もロマンチック（笑）な感じで再会します。これはご都合主義ではなく「何度も何度も〝理想の異性〟は上書きされていくが、結局同じだろ」という皮肉なメタファーかと僕は解釈したのですが、どうでしょうか。

数えきれないほど多くの男とセックスしてきたジョーには、ジェロームを含めた3人の男の毛色の違うセックスが必要だとのことです。ここでまた男性の観客は「げっ」と思うでしょう。**長い人類史のなかで一部の男は「妻と恋人を別にもつ」といった文化を形成してきましたが、同じことを女性に言われるとビックリしちゃうのです。**

というか男はなぜ「俺に惚れてる女にとっては、俺のセックスがいちばん。俺のセックスだけで十分」などと根拠なく思い込めるのか。
その後いろいろあって、また再会したジェロームと一緒に暮らし始めたら、なんとジョーはセックスでイケなくなってしまいました。セックスだけが生き甲斐だったのに！　しかも彼を愛しているのに……！　女性のオーガズムは男にとって大きな謎ですが、女性本人にとっても謎なのでしょうか。

「クリトリスだけで感じるオーガズムは男の射精と同じお手軽なもので、〝愛のあるセックス〟だったら挿入でイケるはずだ」と言う人がいます。僕も、そう言ったことがあります。自分はセックスのことがわかっている・愛や恋の機微について知っていると思ってる人ほど、そういうことを言う傾向があります。けれどそんな言説が女性にプレッシャーを与え、傷つけてしまうこともあります。

普通の（回数は異常でしたが）セックスでオーガズムを感じなく

なったジョーは、さらなる冒険に乗り出します。Vol.2の展開はメチャクチャ早いです。深刻な話のように見せかけて、爆笑と恐怖と非道徳の〝変態オンパレード〟です。監督は『アンチクライスト』では敬虔《けいけん》なキリスト教徒を怒らせる意図があったんでしょうが、今回は真面目に恋愛している人たちを怒らせようとしているのかもしれない。

ジェイミー・ベルが調教師を演じるSMシーンに、いわゆる「官能作品」によくある叙情性は全然ありません。しかし〝じらされること〟や〝痛み〟のエグい甘美さが強烈に伝わってきます。ラース・フォン・トリアー監督、ガチの変態です。

ヒロインのセックス依存には理由がない

セックスをテーマにした映画というと、たいてい〝愛情のあるセックス〟を肯定的に描くものです。そのほうが観客にウケるからでしょう。でもこの映画では、ありとあらゆる異常なセックスを最後まで肯定も否定もしない。あまりのひどさに笑っちゃうようなセックスにも、笑いながら同時に闇の深さにゾッとしてしまうようなセックスにも「これは正しい」「これは間違っている」というメッセージを付け加えません。

どうやら監督は「女性の性は抑圧されてきたから、解放しよう。セックスは素晴らしいものだ!」と言いたいわけではないようです。かといって「愛のないセックスばかりしていると不幸になるよ」といった教訓もない。ヒロインはエッチだけど善人だとか、あるいは何かの犠牲になっているとかいう話でもないし、性や恋愛をビジネス化している社会を告発しているわけでもない。

そもそもヒロインのジョーが「いろんな男とセックスしてしまう、いろんな異常セックスと巡りあってしまう」ことには理由がない。だから男は、彼女の行動を見て不気味に思うんです。

実際にジョーほどでなくても、いろんな男性とセックスをしないではいられない女性を何人か知っています。彼女たちの多くは「男が私とセックスしたがっているということを知ると、安心する」「セックス以外のうまいコミュニケーションの方法がよくわからない」と言います。

また一般論を言うと、**子どもの頃、親に抑圧されたことで性的な愛情を体感できなくなり、**

それでセックス嫌いになってしまう人も、逆に過剰にセックス好きになってしまう人もいるでしょう。

でもジョーの場合はそうではないらしい。彼女は幼い頃からマスターベーションをしていました。それは普通のことです。父親（クリスチャン・スレイター）はそれに気づいても特に問題視はしない。母は「早くお風呂場から出てきなさい！」などと、ちょっとは怒る。そんなお母さんはトランプの一人遊びに没頭していて、やや孤独。でも普通のお母さんです。父と娘はとても仲が良い。愛がある。でも「一方的な愛が濃すぎて父親から何か性的に傷つけられた」ということではない。彼女は何かトラウマがあったから色情狂になったのではないようなのです。

本書では、映画に描かれた恋愛を通して見る、主人公たちの心の穴について解説してきました。よくできた脚本や優れた監督による演出の映画に感動するのは、登場人物の〝心にあいた穴〟が観客にとって切実だから。それが我々の感情移入を呼ぶ。**穴、つまり、さみしさや罪悪感や嫉妬やコンプレックスは、誰の心にもあいていて、それが行動や感情の原理である。穴が**

あるから恋をする。穴が恋やセックスで刺激され、事件や出来事の原因となる。

そして人の心の穴は子どもの頃、親との関係によってあけられることが多い、というのが僕の考えです。脚本家がちゃんと仕事してる、共感できる映画の主要登場人物の心の穴は、わかりやすい。

ところが、この映画はそういう僕の定説をひっくり返している。セックス依存症のヒロインを通して「なぜ我々にとってセックスが（好きにせよ嫌いにせよ）重要なのか、という問いには、答えがない。そもそも問うこと自体に意味がない」と表現している。理解や解釈を絶している。それなのに面白い。だから僕は途方に暮れてしまったのです。

男が女を救おうとするエゴ

ほとんどすべてのセックスを自分からしたがる奇怪だけど美しいヒロインが、「NO!」と告げるセックスがひとつだけあります。それは「彼女が、したくないセックス」です。

当たり前のことですよね。でも、そのあたりまえが伝わらないということが男と女の関係のなかにはある。

この〝狂ったセックス〟の映画は「**どんなセックスでも、その人がしたいのであれば狂っていない。したくないセックスを強要されることのほうが狂っている**」と告げている映画なのかもしれない。

ある夜、道端に倒れていたジョーを助けた老男性（ステラン・スカルスガルド）とジョーとの問答で、映画は進んでいきます。老人はインテリで、ジョーの語る猛烈な性遍歴を、心理学や哲学、宗教学のウンチクで分析していきます。

ジョーが過去の性体験を語るたびに、いちいち老人は博識で〝解釈〟しようとする。でも、ということは彼は結局、ジョーの話をちゃんと聞いていないんですよ。このディスコミュニケーションは日々の日常で普通のカップルにも大いに起こっていることじゃないでしょうか。彼女が延々と話をする、男は延々と話の中身を解釈して「それは俺が考えるに、こうだ」という反応しか返さない。

ジョーは、そもそも〝救われたい〟なんてこれっぽっちも思っていないんです。許されて救われたくてセックスを重ねているわけではない。

それを救おうとする男の傲慢さ。男が女を救おうとする身振りには「セックスで女を支配したい、自分のものにしたい」というエゴが隠れている。

Vol.1でジョーは「いろんな人とセックスをしたい」だけなのに、ある男が勘違いして恋をしてしまうシーンがありました。そんなジョーの話を聞いて、老人は「君の話は、男女を逆にしたら凡庸だ」と言いますが、そんなことを言う老人こそ、なんて凡庸なんでしょう。


Vol.2の後半で登場するウィレム・デフォー演じる男は、ジョーを救おうとはせずに裏稼業に引き入れます。

すべての普通の人間は、自らの変態性を隠して（あるいは気づかぬまま）生きているのに、セックスだけに異常な関心を持つジョーには人の変態性を見抜く特殊な能力がある。そのことを彼は見抜いたのでした。その特殊能力が役立つ裏稼業というのが、売春や性風俗じゃないところがまた面白い。ジョーは何も考えず、ただセックスを重ね、裏稼業では他人の変態性を解釈せず、ただただ発見して、それを見つめていく。

僕はしばらく途方に暮れたのち、なんらかの解釈をしないことにはこの原稿が書けないので、しかたなく「**この映画は〝解釈することへのアンチテーゼ〟なんだ**」と解釈しました。

セックスだけじゃなく、あらゆることを自分に都合がいいように理解してしまうことへの反発。

恋愛やセックスにおいて自分に都合の良いように話を作り上げること、おたがいがおたがいのありかたを勝手に解釈するのって、相手を利用しているっていうことですよね。恋愛や結婚がうまくいかなくなるのも、セックスレスの不満も、解釈のズレなんです。**相手を自分の解釈のなかに閉じ込めてはいけない。男女の関係に限らず、他人というものを〝わかった〟ような気にならないこと。**

デンマーク映画界が世界に誇る変人であり、天才でもあるトリアー監督らしい、みごとに解釈を超越しているこの映画を観て、いつもセックスや恋愛について語っては「こういうもんだ」とわかったつもりでいた僕も、わかっているような顔をすること自体がダメなんだという気分になりました。人の性や愛は謎だからこそ面白いし、謎だからこそ大切に扱わせていただきます……。

この映画の教訓

恋愛やセックスにおいて、自分に都合のいいように相手を理解しようとするのはエゴだな。他人の欲求を「自分の解釈」のなかに押し込めないようにしよう。

スモール出版の本

ラジオ

『町山智浩の「アメリカ流れ者」』
町山智浩・著／ TBSラジオ「たまむすび」・編

TBSラジオの人気番組「たまむすび」内で放送中の映画コラム「アメリカ流れ者」。アメリカ在住の人気映画評論家、町山智浩のユーモラスでありながら鋭い切り口の語りを、大幅に編集・加筆して書籍化！

四六判並製／モノクロ／208ページ／ISBN978-4-905158-50-9／定価1400円+税

ラジオ

『ライムスター宇多丸のウィークエンド・シャッフル"神回"傑作選 Vol.1』
TBSラジオ「ライムスター宇多丸のウィークエンド・シャッフル」・編

TBSラジオ『ライムスター宇多丸のウィークエンド・シャッフル』の特集コーナー「サタデーナイト・ラボ」の傑作"神回"を、600ページ超の特大ボリュームにて完全収録！

四六判並製／モノクロ／608ページ／ISBN978-4-905158-26-4／定価2200円+税

ラジオ

『高橋ヨシキのシネマストリップ 戦慄のディストピア編』
高橋ヨシキ・著／ NHKラジオ第1「すっぴん！」制作班・編

NHKラジオ第1「すっぴん！」内で放送中の映画コラム「シネマストリップ」の書籍化第2弾。「ディストピア」をテーマにセレクトした19本の作品を紹介。巻末対談：高橋ヨシキ×高橋源一郎

四六判並製／モノクロ／338ページ／ISBN978-4-905158-46-2／定価1700円+税

謎解き

『リアル脱出ゲーム 公式過去問題集』 SCRAP・著

SCRAPが主催する話題の「リアル脱出ゲーム」。その名作公演を紙上にて再現し、実際に謎を解きながらストーリーが体験できる過去問題集！ リアル脱出ゲームの予習や傾向と対策の勉強など、楽しみ方はいろいろ。

A5判並製／フルカラー／96ページ（謎シート12枚付）／ISBN978-4-905158-13-4／定価1600円+税

ノート術

『伝わるノートマジック』 西寺郷太・著

「ミュージシャン・音楽プロデューサー 西寺郷太（ノーナ・リーヴス）のノートがすごい！」と話題に。まとめ、考え、発信する。その技術とノートを大公開。音楽プロデューサーによるクリエイティヴなノートの使い方。

A5判変形／フルカラー／104ページ／ISBN978-4-905158-67-7／定価1500円+税

スモール出版の本は、全国の書店、ネット書店などでお買い求めいただけます。

2019年10月発行/スモール出版（株式会社スモールライト）

ボディビル

『ボディビルのかけ声辞典』

公益社団法人 日本ボディビル・フィットネス連盟・監修

「肩にちっちゃいジープのせてんのかい」ボディビルコンテストで飛び交う「かけ声」は、鍛え抜かれた肉体美への称賛メッセージだ！かけ声から紐解く、ボディビルの世界。

A5判並製／フルカラー／96ページ／ISBN978-4-905158-58-5／定価1400円+税

音楽批評

『考えるヒット テーマはジャニーズ』

近田春夫・著

平成の音楽シーンを、ジャニーズの楽曲を軸に読む。『週刊文春』の長期連載「考えるヒット」から、ジャニーズの曲だけをセレクト。これが近田春夫のジャニーズ音楽論!!

四六判並製／モノクロ／320ページ／ISBN978-4-905158-62-2／定価1600円+税

社会評論

『「悪くあれ!」窒息ニッポン、自由に生きる思考法』

モーリー・ロバートソン・著

日本社会の中で窮屈な「グリッド」に縛られず「自立した個人」であり続けるための方法がここにある! ハーバード大学卒の著者による「悪い生き方」の指南書。

四六判並製／モノクロ／216ページ／ISBN978-4-905158-51-6／定価1500円+税

エロカルチャー

『FANZA BOOK』 FANZA・監修

Webマガジン『FANZA Magazine』の人気連載を書籍化。日本最大のアダルトコンテンツブランド「FANZA（ファンザ）」が監修した初の単行本！これを読めば、人を大いに喜ばせ、時に悩ませる「エロ」の正体がわかる!?

四六判並製／モノクロ／242ページ／ISBN978-4-905158-68-4／定価1500円+税

エロカルチャー

『世界のエリートとか関係なく面白い猥談』

佐伯ポインティ・著

日本初！東京・阿佐ヶ谷に実在する、猥談を楽しく話せる会員制バー「猥談バー」からお届け。猥談バーで語られた猥談の中から、面白かったものを選りすぐって、バイブスでまとめた1冊。

四六判並製／2Cカラー／104ページ／ISBN978-4-905158-69-1／定価1000円+税

〝自分自身を生きる人〟だけが、本当の意味で他人を救う

『紙の月』

〝自分がなかった〟平凡な女の転落（？）劇

宮沢りえ演じる平凡な主婦・梨花が、契約社員として働いている銀行から巨額の金を横領するサスペンス劇。角田光代の原作を『桐島、部活やめるってよ』の吉田大八監督が映画化しました。俳優陣の演技の素晴らしさが光っています。宮沢りえ、小林聡美はもちろんですが、大島優子の達者さにも感心しました。邦画の登場人物って我々が普段使ってる日本語で喋ってますんで、俳優の演技がリアルかどうかはっきりわかっちゃいますね。

2014年／日本
監督:吉田大八
出演:宮沢りえ、池松壮亮、大島優子、田辺誠一、近藤芳正、石橋蓮司、小林聡美

ヒロインの梨花は、どこにでもいる普通の女性です。現代の日本の多くの真面目な女性って、世間に遠慮しながら生きてるじゃないですか。梨花もそうです。彼女は「私の人生の主役は、私だ」という意識が薄かったんです。

同じ銀行で働く叩き上げのベテラン・より子（小林聡美）も、後輩の恵子（大島優子）も、自分の人生は自分で決めるタイプ。やりかたは違えど、銀行という男性社会のなかで生きていく方法を探し、自力で居場所を作ろうとしています。

ちゃっかり屋さんの恵子は、可愛がってくれる男に媚びます。より子は意地っ張りで、世の中で言われる女性の幸せの形に惑わされず、自分の判断で仕事をこなしていく優秀な社員。けれど女性で一般職だからという理由で出世できない。より子も恵子も、うっすらと苦痛を自覚しながら生きています。

梨花は、どうでしょう？　裕福な家庭に育ってカトリック系の学校で教育を受け、稼ぎのいい旦那と結婚して、子どもはいないけれど夫婦で一軒家に暮らし、美人だからということで上司の指示でお金持ちの老人男性の家に営業に行かされたりもするけれど、おそらく他人から見たら何も問題ない生活。

好意を寄せてきた大学生の青年と恋に落ちなければ、〝自分が抱いてる微妙な苦痛〟に気づかぬまま歳をとっていったかもしれません。でもそういう人が、とんでもないことをしでかすわけです。

年下の男性にスポイルは禁物

梨花は大学生の光太（池松壮亮）と体を重ね、学費のために借金をしている彼を「助けてあげたい」と同情してしまったことから犯罪に手を染めていくわけですが、それで破滅していく展開かと思ったら（詳しくはネタバレになるので書けませんが）、彼女の魂は堕落も破滅もしません。

この映画が面白いのは、あらすじだけを書くと「若い男とのセックスに狂い、大金を掴んで贅沢な消費に狂っていく平凡な主婦」なんですけど、そして実際にストーリーはそのように進むんですけど、最終的に描かれているのは全然そんなことじゃないというところです。

彼女の〝施《ほどこ》し〟によって堕落し、ダメな人間になっていくのは光太です。最初は好青年だったのに、梨花に甘やかされ続けた結果、自分に才能があると思っちゃったんでしょう。最新のPCを買ってもらった途端「起業するぜ」とか言い出して。ああ、こういうバカ、よくいる。

野心（その本性は劣等感だったのかもしれません）を隠しもっていた年下の男が、年上のお姉さんに可愛がられて「自分は、いっぱしの男だ」と思って、まだ何も仕事をしていないのにキモく偉そうになっていく。

梨花は、まるでお母さんのように優しくしてあげることで、彼をスポイルしてしまいました。

「スポイルする」ってなんでしょう？
それは、愛しているように見えるけれども相手を人間として扱っていないということです。

梨花の夫（田辺誠一）が、梨花をスポイルしてるのと同じです。夫は夫なりに梨花を愛していますが、言動に「働きたかったら働いてもいいけれど、その前にまず、お前は僕の妻なんだぞ」ってメッセージが、常に出ている。悪意はないんだけど彼が無意識にもっている男尊女卑の気持ちが梨花を侮辱し続けています。梨花は我慢をし続けています。もっと早い時期に、夫に「侮辱しないで」と言えば良かったのに。事件を起こしてしまった後でも、光太に「そういう態度はやめて」と言えば良かったのに。

人間をちっぽけにする男社会

中年男の詐欺師とテイタム・オニール演じる9歳の少女との心の交流を描いた『ペーパー・ムーン』という70年代ハリウッドの名作（時代設定は30年代の大恐慌時代）がありました。その現代日本版（時代設定はバブル崩壊後の90年代ですが、まさに現代の問題がテーマです）であり、男女逆転版とも言えますが、『紙の月』ではヒロインの女犯罪者と青年の体と心の交流は、じつは主軸ではありません。**この映画の正体は、男社会における女の生きかたを通じた、女と女の寓話です。**

僕はＡＶ監督のくせに、いつも「男性社会は良くない、キモチワルい」と言い続けてますが、なんでかというと女性たちが生きづらい社会って女性だけじゃなく男性たちも人間がセコくなってしまうんですよ。この映画を観ると、男たちの小ささと、男たちに抑圧される女の姿が突きつけられます。

クライマックス近く、より子と梨花は激しい台詞の応酬をします。近い世界で生きながら自分とまったく違うふるまいをする人と関わると、今まで考えてこなかった「自分が本当は何を感じて生きていたのか」がわかってくることがある。

映画では、横領事件を梨花が起こしたからこそ二人は深く関わり対立するわけですが、**現実では〝なんだか知らないけど、なんとなく気に食わない人〟の存在って、すごく重要です。その相手が、もう一人の自分だからです。**

梨花は自我が空っぽな〝普通の女〟だったけど、その心の空洞に大金という悪魔が入ってきてしまって初めて、男性社会で戦い傷つき続けてきたより子と対等に話ができるようになり、光太をダメ男にしてしまったことを後悔せず「この犯罪は、誰かのためにじゃなく、自分のためにおかしたのだ」と自覚する強さをえた。

より子は善で、梨花は悪です。より子が梨花の犯罪を追い詰めていった結果、それが梨花だけじゃなく、より子の新しい世界の扉も開きます。この映画では男女の愛（かと思えたもの）は女を救わない。もちろん不倫や犯罪のドキドキ感も、消費の快楽も梨花を救いません。善と悪も、最後まで理解し合えなかった。

でも理解し合えなかったというそのことが、二人の女それぞれに力を与えた。

「救ってあげる」という意識がある人は、他人を救えないでしょう。

印象的なラストシーンは「**人は感謝なんかしない。人のために、という気持ちはきっと裏切られる。でも〝自分自身を生きる人〟だけが、本当の意味で他人を救う**」という象徴だと思いました。鮮烈な、いろいろと考えさせられる傑作でした。

この映画の教訓

女の人生において、
仕事でも恋愛でも結婚でも
〝自分を生きる〟ことが大切！
（だからと言って、もちろん犯罪は
やめといたほうがいいけどね）

まじめすぎず、人に迷惑をかけない、
健康な変態になろう

『毛皮のヴィーナス』

ノーマルなセックスってなんだろう？

『戦場のピアニスト』『ローズマリーの赤ちゃん』『おとなのけんか』などで知られる巨匠、ロマン・ポランスキー監督が80歳のときに、「マゾヒズム」の語源になった作家ザッヘル＝マゾッホの小説をテーマにした戯曲を映画化。オーディションを受けにきた女優と演出家の二人っきりの空間を描きます。

舞台演出家のトマ（マチュー・アマルリック）は、突然現れた正体不明の女優ワンダ（エマニュ

2013年／フランス、ポーランド
監督:ロマン・ポランスキー
出演:エマニュエル・セニエ、マチュー・アマルリック
原題:La Vénus à la fourrure

エル・セニエ。実生活ではポランスキー監督の3人目の妻。監督より30歳以上年下です）についつい乗せられて、台詞読みの相手役を務めることになります。

最初はがさつなワンダのことをバカにしていたトマですが、いざ演技を始めると彼女が完璧なもんですから次第に見る目が変わり、理性的だったトマはワンダのペースに巻き込まれ、自分で書いたキャラクターを演じているうちに、気づいていなかった己のマゾヒスティックな性癖を知っていくはめに。

トマはプライドが高いので、自身の変態性を素直に認められません。脚本に書かれている主人公（それは地球上で初めてマゾ認定された男です）を「これは俺自身のことじゃない！」と必死に否定するんですが、変態であることというのは、もしかしたら最初から本人が認めちゃっていたら気持ちよくないのかもしれません。

否定していたけれど暴露されちゃうほうが興奮します。自我が壊れていく過程が快感なんですね。ネタバレになるので詳しくは書けませんが、ラストシーンは彼にとっては破滅です。でも、きっと破滅したかったんでしょう。

性の役割の交換を体験してみたい人は多いと思います。

女装・男装のように外見を逆の性に変えるのか。性はそのままに相手をいじめたり、いじめられたりしたいのか。この映画を観ていると「セックスとは役割である」「日常でかぶっている仮面を脱ぎすてたり、別の仮面をかぶったりすると楽しい」ということがわかります。

もし男性が〝じつは女性化して、いじめられたい人〟で、その彼女が〝可愛らしくふるまう相手をいじめたい人〟であれば、おたがいにハッピーですよね。それが性癖のマッチングです。

僕はときどき「**ノーマルなセックスだと言われているものって、あれ、いったいなんなんだろう?**」と考えます。男性が主に行為して女性を気持ちよくさせ、女性は反応をすることで男性を楽しませるのが、いまだに世間一般でノーマルってことになってますよね……。それはそれで豊かだしエロいんだけど、その形式に全員が常に縛られている必要はないはずです。

僕は「**セックスにおける本質的な快楽のひとつは、相手の前で自分を制御できなくなって〝みっともない自分〟を見せてしまう**

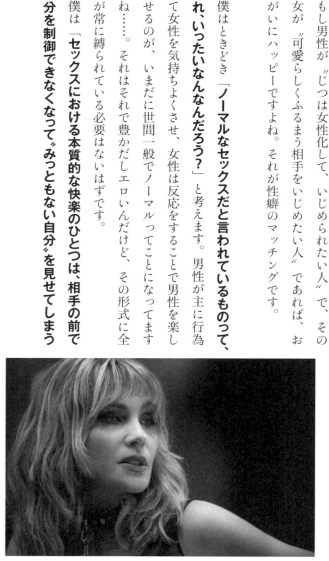

ことだ」と感じています。男は女性をイカせてナンボと最後まで努力を続けたり、女性が男性を喜ばせるために（あるいは早く終わってもらうために）イッたふりをしていたりしたら、そりゃあ気持ちよくないでしょう。

いじめられたい願望や、可愛がられたい願望を密かにもっている男性はじつは非常に多いのですが、つきあってる彼女の前では言い出せないから、それ専門の風俗店に行ったりする。彼らは普段のセックスで「みっともない自分を見せること」を嫌がる。

その結果、まともとされてる男性のオーガズムって、冷静なままで発射を目指すってことになっちゃってて、あんなもの全然オーガズムとは呼べない貧しいものですよ。

性癖のマッチングは重要！

そもそも「女が可愛らしくあって、仕事で疲れた男を癒す」という一面的な性のありようは、近代社会になってから、男を能率よく働かせるために採用されたシステムでした。

それ以前は貴族の遊びにすぎなかった〝恋愛〟というものが、庶民の一夫一妻制を成立させるために一般化されたのです。

仕事に疲れた男性が結婚や恋愛に求めるのは、パートナーに癒されたいということ。でも現代の働いている女性は（専業主婦も）みんな疲れていて「私だって癒されたいよ」って思ってます。

〝癒し〟って言葉は今めちゃめちゃ簡単に使われてますけど、どうすれば人間は、あなたは、本当に癒されるんでしょう？

それは「**あなたが何をしたいのか、されたいのか**」**を理解している、あるいは理解する気のある相手から、その欲望を尊重される**ことじゃないでしょうか。

どちらかの性が一方的に相手を欲望の対象にするんじゃなく、**男女それぞれの性が**（**もちろん同性同士でそれをやってもいいのです**）、**おたがいの**「**したいこと、されたいこと、されたくないこと、したくないこと**」**を理解しあって、おたがいを大切に**しあわないと我々は幸せになれないと思います。

以下はジャック・ラカンという精神分析家の理論（の僕なりの解釈）ですが、社会のルールや常識を守って生きている〝まじめな人〟たちは、全員が一種の神経症のような状態です。適応できてない人は鬱っぽくなっていくか、無意識に他人を圧迫してしまうか。かと言って、おおっぴらにルールを破っている〝おかしな人〟は、あからさまに迷惑ですから社会から排斥されます。

「まじめすぎる神経症的な人」でも「迷惑な、おかしな人」でもないのが「倒錯者」です。人間は、この3種類のどれかだというのです。倒錯者とはつまり「**社会の常識からちょっとはずれた自分の変態的な欲望を知っていて、うまく隠し、ときどき上手に発散させて生きていける人**」のことです。

もちろん変態にも〝良い変態〟と〝悪い変態〟がいて、〝悪い変態〟は迷惑です。痴漢やストーカーを実行するのは、ゆがんだ支配欲の表れで、許すべきものではありません。

一人で妄想を楽しめているのは〝良い変態〟ですが、もしあなたが誰かと一緒に楽しみたい〝良い変態〟で、社会的に普通とされているセックスだと「なんか違うな。これだと私は癒されないな……」と悩むのであれば、気の許せるパートナーとおたがいの倒錯した欲望を理解しあい、こっそり共有することが癒しになるんじゃないでしょうか。

そのためには、パートナー間での欲望のマッチングが重要です。普通で〝まとも〟なセックスで、じつは女性の側があんまり楽しめていないケースって多くないですか？

でも、それって男性の側も「俺にはまともなセックスをする相手がいる」っていう〝男性社会での満足〟をえているだけで、やはり実際には楽しめていないんですよ。肝心の相手とコミットできていないんですから。

自分の欲望を知って、正直になること

自分の欲望がなんとなくわかってはいても、人はなかなか大胆になれません。好きになった相手だからこそ、みっともない自分を見せるのは恥ずかしいこと。そして恥ずかしいからこそ自我が壊されていく、それが快感だという矛盾。「私」が壊される恐怖。

邦画『紙の月』評で「女性は、男性社会から侮辱されている」と書きましたが、男たちは男

性社会のなかで〝男であろう〟とし続けて疲れています。だから仮面をはがされたがるMな男性が増えている。

その一方で「あたしMなの〜」と自称する女の子も増えてますが、多くは「いじめられたい」わけじゃなくて「かまってほしい」だけですよね。男性も女性もエゴイストでマゾヒストで、自分勝手なんです。仕方ありません、どっちも疲れているんだから。

そんな時代に、欲望のマッチングでくれぐれも気をつけていただきたいのは、当たり前ですが「お相手をちゃんと選ぶこと」です。変態きどりで自称Sの、ただ支配したいだけのDV男に引っかかりませんように。

男の〝悪い変態〟はパートナーが望んでいない行為をしたがる奴です。そういう奴こそ仮面をはがされて、女性の前にひざまずけばラクになれるのにね。**虐待されたり遊ばれたりしているのに、それを「かまってもらってる」状態だと勘違いして依存しちゃうのは、体にも心にも良くありません。健康的な変態を目指しましょう。**

この映画でトマがマゾになれたのは、お芝居という設定があったからです。

セックスって一種の演劇なんですよ。彼は社会で通用するように「自分はインテリで、アーティストだ」っていう顔をしていた。ところがワンダにその仮面をはがされて、気づいたら〝マゾ〟とか〝女性〟といった仮面をかぶせられ、いつの間にか自分でもそれを楽しんでいた。

まじめな女の人は、男の欲望に合わせるのが「女の幸せ」だと子どもの頃から教育されて、それが自分の欲望とイコールだと思ってしまっているケースもあるかもしれません。

自分の隠された欲望を知るためには、変な映画を観たり不道徳な本を読んだりして感情を動かして、親や社会の影響下からいったん離れてみるのもいいでしょう。

もしかしたらあなたのなかにも、とんでもなく倒錯した性癖がひそんでいるかもしれない。男と女の役割を取り換えるセックスは、興味があるならぜひトライしてみていただきたいです。それを一緒に楽しんで恥ずかしがりながら興奮できる相手は、きっと、いいパートナーです。

この映画の教訓

セックスは「愛の行為」というより、
あなたとパートナーとを癒すために
二人で演じる「一種の演劇」です。
試してみたい「自分の欲望」を知って、
信頼できるパートナーを相手に
こっそり「ちょっと変なこと」を
楽しんでみましょう。

孤独になっちゃう理由って？

『ラブストーリーズ　エリナーの愛情』
『ラブストーリーズ　コナーの涙』

同じ配役で、同じ出来事を視点だけを変えて撮る2本の映画

心に傷を負ったエリナー（ジェシカ・チャステイン）は家を出ます。夫のコナー（ジェームズ・マカヴォイ）は彼女を探し出そうとします。

離れているときだけじゃなく一緒にいたときも、同じ体験をしていても、おたがいに見えている景色が同じでも、その捉《とら》えかたや心のなかで起きていることはまったく違うというのは、

2013年／イギリス
監督：ネッド・ベンソン　出演：ジェシカ・チャステイン、ジェームズ・マカヴォイ
原題：The Disappearance of Eleanor Rigby: Him, The Disappearance of Eleanor Rigby: Her
＊『エリナー・リグビーの失踪：彼に』『エリナー・リグビーの失踪：彼女に』意訳するなら『そのとき彼に起きたこと』『そのとき彼女に起きたこと』かな（二村）

恐ろしいけれど真実です。男と女がケンカになると初めてわかる「えっ、そっちはあのとき、そういうふうに解釈（つまり体験）していたの⁉」って現象を表現するために、わざわざ同時公開する2本の映画を作ってしまいました。

そこまでやる監督、なかなかいないよね。ようするに1回の撮影で『エリナーの愛情』で使うカットは妻の気持ちを、『コナーの涙』で使うカットは夫の気持ちを描くわけです。

人間は誰しも、それぞれが〝主観〟で生きています。ふたりが会話する場面で微妙に台詞が変わっていたり、同じセットで撮影しているのに行動の順序が変わっていたりという演出。夫が主人公であるバージョンでは、ふたりがまだ結婚前で仲が良くて、幸せだったときのエピソードから映画が始まるのが悲しい……。共犯でやった悪いことが、じつは片方が嫌々やっていた、あるいは、そのときはノリノリだったのに後になって自分の記憶が改竄《かいざん》されてるみたいに思うことって、よくありますよね。特に恋愛に顕著ですが、仕事とかでも。

男女の（夫婦の）すれ違いを描いた先行作品には『ブルーバレンタイン』という傑作もありましたが、**なぜ人間が孤独に苦しむのかというと「他人の視点に立てないから」です。**恋愛や結婚で孤独を感じるのも、相手と視点を共有できなくなるからでしょう。

恋愛って結局、違う環境で育ち、違う背景や、違う心の傷をもったふたりがひとつの出来事を体験することです。でも人間は一人ひとり、ものの見かたはまったく違っていて、最初はその〝違っているところ〟にこそ、惹かれ合ったりする。それがまさに、僕がいつも言う〝心の穴〟です。

相手の視点を理解しちゃったがゆえに絶望して、別れなければならなくなるなんてこともある。**そもそも「他人と」愛しあうことなんて、しかも愛し続けていくことなんて、人間に可能なんでしょうか?**

相手の視点から世界を見る

映画ではコナーがエリナーに寄り添うことができなかった理由がはっきりと描かれませんが、ようするに「あなたの心の傷を癒

そうすると、僕の心の傷が痛むから、できない」ということでしょう。**相手がしてほしいことをしてあげたいという気持ちはあるのだけれど、それをすると今度は自分が〝自分の心の穴〟のせいでイラッとする。**そして相手の目に見えている世界を肯定できなくなったときに「その人がどう育ってきたのか」という〝心の穴〟が見えてくる。

『コナーの涙』のほうでのみ描かれているのは、彼の父親へのコンプレックスです。父みたいになりたいとか、なりたくないとか、父への憎しみが行動の原理になるのは男の子あるあるですが、コナーみたいに、嫌っていた父親となぜか同じ職業に就いてしまうというのもよくある。仕事じゃなく人間関係や恋愛でも、たとえば「母親を傷つけた父親」を憎んでいて、それと同じことを自分は絶対したくないと思うのに、同じことを自分が恋愛でしてしまう。

それで離れていってしまった相手に今度は執着する。

エリナーが家を出た後、コナーは（エリナーにしてみれば）ストーカーのようになりますが、四六時中ずっと彼女の幻に取り憑かれているわけではない。自分の店の経営もピンチですから、そんな余裕はありません。でも突然目の前に彼女が現れると気持ちをかき乱されて、追いかけてしまう。

好きだから執着しているというよりは「お前、それ、もともと持ってる罪悪感を味わいたいから、そのために執着してるんだろ」と指摘したくなるようなことを、人間にはけっこうやっています。


男も女も、自分の人生があるわけで、自分だけで考え込んじゃって頭がいっぱいになっているのを相手にぶつけると、相手はキョトンとします。だって相手は相手で、いろいろ別のことを考えているんだから。

こちらの話を聞いてほしいからと相手に関係のないことをワーッとぶつけてキョトンとされて、それで「かまってくれない」と感じるというのも、まあ、おたがい、つらい話ですよね。


じゃあ、そんなふたりが一緒にいるためにはどうすればいいのか。

相手の視点に立つというのは「相手に遠慮する」とか「自分を曲げる」ということではない。

おたがいが「あなたはそう感じ、そう行動する人なのね」と捉えるしかないと思うんです。

むしろ徹底的に「相手と自分は違う人間なんだ」と知るということです。それは同時に「自分を

知る」ということでもある。

相手の目には世界が（あるいは自分が）どう見えているのかを知って、相手が記憶を改竄してるのを知って、人は怒ったり悲しんだり相手を憎んだりもしますが、そのとき「自分の目に見えている世界が、正しい世界」というのを大前提としちゃってますよね。自分も記憶を改竄してる可能性は大いにあります。

恋愛で苦しむのって、自分の視点を客観的にチェックするために、またとない絶好の機会なんです。

幸せな関係に必要なもの

ずっと愛される。相手から永久に大切にされる。それが世の中でいう、女性にとっての理想的な結婚だってことになっています。「だからこそ、ちゃんと愛される女にならなきゃいけない」と自分に課すけれど、それがうまくいかない女性もいます。

一方、男性は結婚式で「妻を一生、愛し続けます」なんて誓うときに、その言葉の意味とか重みをわかってない人も多いと思います。

なかにはできた男性がいて、「相手のために、自分が変わらなきゃ」と思って努力する人もいますが（その努力は素晴らしいと思いますが）こんなに努力してる俺、というドヤ顔がまた奥さんをキレさせる場合もありますよね。

人間は恋愛や結婚において「**自分がやりたくないことは絶対にできないし、やりっこない**」と僕は思うんです。無理をしてると心か体が病気になります。だから、やりたくないことはしなくていい。

ただしそれは「自分は、このままでいいんだ」と開き直ることではない。罪悪感や劣等感や被害者意識からくる〝義務〟から自由になって、改めて「**自分は、こう感じ、こう行動する人間なんだ。それは相手から見ると、こういうふうに見えるんだ**」とわかることで、人間は自然と変わっていく。気がつくと、いつの間にか少し成長していたりする。

映画の話とは関係ないのですが、たとえば結婚や同棲生活でよくあるのが、男性が靴下や服を脱ぎっぱなしにして、女性はイライラして「私は、あんたのお母さんじゃない！」って怒る（もちろん男と女が逆になるケースもあります）。

いや、たしかに身の回りのことができないのは良いことではない。でも、ここでイラッとしてるのは「散らかっている靴下を見てイラッとする」という、その人の〝心の穴〟なんです。同じように〝片付けられない人〟のほうには、〝片付けられないという心の穴〟があいています。

もしかしたらその人が、厳しい親に「女の子なんだから、ちゃんとしなさい」と躾《しつ》けられて〝ちゃんとした人〟になれて、でも「本当はちゃんとした人になんかなりたくなかったのに。なぜ女だけが、ちゃんとしなくちゃいけないの？」って怒りを感じていて、それを相手にぶつけているのかもしれない。

もちろん「イラッとしてないで、あなたが片付けてあげなさい」という話ではありません。問題は「なぜ〝片付けられない人〟と〝散らかっているとイラッとしちゃう人〟が、惹かれ合っていたのか」ということです。そこには、たぶん意味があるんです。

そこで「自分が絶対に正しいんだ」と正論を相手に押しつけていたら、その恋愛は意味がないことになってしまう。

彼女の服の趣味やメイクとかにイラッとしてケチをつけたがる支配的な男にも（これも女と男が逆になるケースもあります）、自分がつきあう相手はこういう人でなければならない、そうでないと満足できないと決めつける心の穴があいている。

でも、そういう人は「自分が、そういうことを言ってしまう人間である」ということを知るために、そういう恋愛をしてるんです。

ただ怒って相手を追いつめたり口論したりするのではなく、相手に「私は散らかってるとイラッとする人間だ」ということをわかってもらい、あなたも「なぜ自分は、散らかっているとイラッとするのか」を考え、「相手の目に〝散らかっている部屋〟はどう見えているのか」を思う。それで「やっぱり、一緒にはいられない」と思ったら別れればいい。

がんこに自分を守ってはいけない。**相手に正論を押しつけても、相手も自分も変わらないんです。** 客観的に相手のことを見て、相手の視点で自分のことも見て、相手の目に世界がどう見えているかを知る。
それで自分が変わっていくことを恐れず、むしろ、相手と自分の両方が「変わっていける」ことを楽しむ。それが他人との関係を長続きさせる秘訣だと思います。

この映画の教訓

人はみんな、それぞれの主観で生きています。相手の見ている世界を知ることで、自分の世界も自分の主観なんだということを知りましょう。

信仰を〝自分を守る盾〟として
使ってはいけない

『博士と彼女のセオリー』

信じているものが違うふたりが向き合う

ＡＬＳ（筋萎縮性側索硬化症）という病に冒され、声を出すことも立ち上がることもできない体でありながら、物理学上でニュートンやアインシュタインに比肩するともいわれる偉大な発見をし、車椅子に乗りパソコンの自動音声機器を使って講演すればユーモア溢れるキャラで人気者。著書も一般に広く読まれる世界的なベストセラーとなったイギリス人、スティーヴン・ホーキング博士。

その恋と結婚生活の葛藤を中心とした実話です。博士の最初の奥さんだったジェーンさん自

2014年／イギリス
監督：ジェームズ・マーシュ
出演：エディ・レッドメイン、フェリシティ・ジョーンズ
原題：The Theory of Everything
＊直訳すれば「万物の法則」「すべての物事のセオリー」

身が書いた本を映画化しました。

博士を熱演したエディ・レッドメインが本作でアカデミー賞とゴールデン・グローブ賞の主演男優賞を受賞していますから、「難病を背負った天才が、妻の献身に支えられ……」というストーリーを誰でも想像するでしょう。天才でもなく重病人でもない我々は、〝自分と違う、かわいそうで立派な人〟に感情移入できるお話や、自分を安全圏に置いて〝泣ける〟感動的な美談が大好物ですよね。

でも、この映画で語られるのは、誠実な愛が不幸を乗り越えるシンプルなストーリーではありません。ここには誰でもが体験しうる、ごく普通の恋愛関係や夫婦生活で起こりがちなヤバさが描かれています。

映画の冒頭、1963年。ジェーン（フェリシティ・ジョーンズ）が、のちに博士となるスティーヴンとケンブリッジ大学で出会ったとき、ふたりは人生において大切にしているものが違いました。

あえて「信仰している宗教が違った」と表現してもいいのかもしれません。博士は若い頃から神を信じない物理学徒であり、痩せたオタクっぽい風貌。奥さんは敬虔《けいけん》なキリスト教徒で文学（詩）を愛し、リア充の友達がいっぱい。

そんなふたりが、おたがいに興味を抱きます。

まず博士がジェーンに一目惚れするのですが、ジェーンもコミュ障気味な博士に対して好意をもつ。理系男子好き・メガネ男子好き・ちょっと変わった男子好きの女性ならキュンとする展開かもしれません。スティーヴンが語る物理学の理論は難しすぎて指導教授以外の誰にも理解できませんが、それを夢中で考えている彼はとてもキュートなのです。

考えていること、信じていることが違うふたりが恋に落ちてしまう。**人は、価値観が同じだから、同じような世界に生きているから恋をするわけではないでしょう。自分に欠けているものを求めたり、面白がったりする場合も多いからです。**

ところが、そうやってつきあい始めてから、あるいは家族を形

成してから、大ゲンカをしたり、関係が冷えて静かに憎しみ合ってしまうケースもある。それは自分の立場や意地を通すため、その〝自分が信じているもの〟を盾にとってしまうからです。

一例ですが、仕事に生きたい、それ以外に生きかたを知らないという信仰の男性（仕事という神様を信じているのです）と、家庭の幸せを大切にしたいという信仰の女性の夫婦の場合。これが働いてる女性であれば、男女が逆になったり、おたがいの仕事の歯車が合わないパターンもあります。

たとえば妻が夫から大切にされていない（と思う）ときに「もっと休みをとってよ」とか「あなたも家事を分担して」と責めるのは、正論です。

夫が「誰が金を稼いでいると思ってるんだ」「俺は仕事を愛しているんだ」などと逆ギレするのも、彼からしたら正論です。**どちらも本音では、自分のことを許してもらいたい、認めてもらいたい、愛してもらいたいのです。**

でも信仰を〝自分を守るため〟に使って相手にぶつけても、正論というのは人から言われると腹が立つものですから、おたがいが疲弊するだけです。

男が女に冷たいとき、罪悪感が逆に働いている

愛し合った若いふたり。そして博士は難病を発症。しだいに体は動かなくなり、余命は2年と宣告され、ジェーンは結婚を決意します。残された時間、自分が博士を支えようと考えたのでしょう。すごい愛です。そして子どもも産まれます。

ところが余命宣告から3年後、4年後も博士は生き続けます。医療も進歩し、電動車椅子も開発され、頭のなかには次々と新しい数式がひらめき……、無神論者である博士に「人類のために、お前は偉大な発見をする頭脳をもった者だから、どんどん体は不自由になっていくけど長生きだけはさせてやる」と、まるで神が告げているかのように。

博士は宇宙の果てのブラックホールについて革新的な理論を発表して、学界では認められますが、病気は進んでいき、しかも二人目の子どもも産まれます。

ジェーンは出産と子育てと博士の介護で心身共に疲労が限界に達して「誰かの助けが必要。家に介護の手伝いの人を入れて」と頼みます。ところが博士は拒否する。それをするのは「自

分が病気に負けた」と認めることになる、それが悔しかったからなのでしょうか。体が動かせない劣等感や罪悪感が逆に働いて、そう言わせたのかもしれません。これは博士の問題ではなくジェーンの苦しみであり、ふたりの問題なのにね。

もちろん、当時まだ（有名にはなりつつあったにせよ）、人を雇う経済的な余裕が本当になかったのかもしれない。宇宙の果てなんていう浮世離れした研究には、企業がお金を出してくれなかったのかも。しかし何よりも「僕らには愛があるんだから、ふたりだけでやっていける」と博士は思いたかったのかもしれません。

でも、それにつきあわされて実際に働く奥さんは、たまったもんじゃない。この頃の博士は、決して思いやりのある人間ではなく、ジェーンのイライラから身をかわします。ジェーンは気持ちの持っていきどころがない。

夫を支えて家のなかにいるのに疲れきったジェーンは気晴らしを求めて、教会でやっている地域サークルみたいな合唱隊に参加します。つまり〝夫のための妻〟ではなく、神様を大好きな〝本来の自分〟に戻ってみたんです。すると、そこにはジェーンに優しくしてくれる純真なやもめ男、ジョナサン（チャーリー・コックス）がいました。

意地を張ってエゴを通すと、かえって〝自分〟ではなくなる

ジョナサンは夫妻の子どもたちにも音楽を教えてくれ、博士の介護も手伝ってくれます。もちろんジェーンはジョナサンに惹かれていきます。夫妻には第三子が産まれますが、博士の両親はジェーンとジョナサンの仲を疑う。これは博士もつらかったでしょう。

ジェーンのジョナサンへの気持ちが高まった、まさにそのときに博士は倒れます。

医師は安楽死を薦めますが、ジェーンは「夫が声を失っても、生き続けること」を選ぶ。博士は一命をとりとめ、その後、さらに偉大な発見をすることになるのです。

そして家には専門の看護の女性が入り、彼女はプロなので、ジェーンよりも博士に優しくするのがうまいのです。

やがてジェーンは博士と離婚しジョナサンと結ばれます。博士も看護の彼女と再婚します（博士はモテる男なのです。なにしろキュートだし、天才だし重病だし、女性に「私がついていないと、この人はダメ」と思わせるのでしょう。でも天才でも重病でもないのに女性にそう思わせてしまう男、いますよね）が、その新しい奥さんとも結局いろいろあって、離婚されたそうです。

月並みな感想ですが、ごまかしのない夫婦生活って、ずっと共に生き続けることって、難しいです。

看護の女性を相手に、愛情で、嫉妬で、勝ったの負けたので争わなかったジェーンは（まぁこれは映画ですから、実際にはドロドロだったのかもしれませんが）、つらかったでしょうし偉かったと思います。我慢をし続けるのは、決して美しい人生ではない。

人間は、どんなときでも「誰かのため」に生きていくべきではない。
誰かのために何かをするのは美しいことですが、それは、その相手から愛されるためにするのではダメで、自分自身の喜びのためでなくてはいけません。

「あの人には私が必要だ」というのは裏返しの依存であり、「あの人と一緒でなくては生きていけない」というのも（それが経済的な理由だったとしても）、現実とはそういうものだ、あるいはそうでないと私には生きていく価値がないといった〝信仰〟を、無意識のうちに言い訳にしているんです。実はその正体は、執着だったり嫉妬だったり勝ち負けだったり、意地を張ってエゴを通すことだったりする。

自分が我慢をしているんだという事実になかなか気づけないというケースもありますが、本人が気づけないと、パートナーも我慢をさせていたことに気づけない。

博士とジェーンさんは、夫婦としては別れることを選び、しかし3人の子の両親として生き、博士がイギリス女王から勲章をもらったときは5人で授与式に出席したそうです。

なお博士は2018年に亡くなりましたが、生前に72歳でこの映画の撮影現場の見学に現れ、ご自分を演じるレッドメイン君がイケメンなのでご機嫌だったとか。

原題の『The Theory of Everything』は、物理学の「すべてのことには法則がある」というような意味でしょう。博士と彼女の間にだけでなく、あらゆる人と人との間に働くセオリー。それは「**へんな意地や、自分のエゴや、世間の事情に縛られず、それぞれがのびのびと生きていったほうが美しい**」という原理ではないでしょうか。

無神論者である博士の脳のなかの宇宙誕生のインスピレーションは、映像として、まさに神の啓示のように表現されます。

結局、ジェーンの信仰と博士の信仰は、同じものなのです。でも近くにいて苦しみ続けていたら、憎しみが増すばかりで、同じであることに気づけない。

26年間の夫婦生活ののち、ふたりは別れたわけですが、離婚後に友情をもち、いい関係でいられたのは、それぞれが本当に信じているものを信じ通して、でも相手を自分の〝信仰〟の犠牲にせずに、押し潰さなかったからだと思います。

この映画、なにしろ実話だから説得力がある。これがフィクションだったら「やっぱりふたりは元に戻り、愛のある暮らしを送りました。めでたしめでたし」みたいな話にしないと観客は納得しないでしょう。でも、そういう嘘は、もう映画でも通用しなくなっていると思います。

この映画の教訓

「彼のために」ではなく、女性は主体性をもって生きたほうが、愛しあえる。

嫉妬する側の被害者意識と、
恋される側の罪悪感が依存と回避を引き起こす

『ラスト5イヤーズ』

女の〝被害者意識〟と男の〝罪悪感〟

オフ・ブロードウェイで上演された人気ミュージカルの映画化。現代のニューヨークを舞台に、あるカップルの精神的すれ違いを歌と音楽で綴った物語です。

彼女を主人公にしたシーンは次第に時間をさかのぼり、別れの場面から始まって出会いの幸せな頃に向かっていく。逆に彼を主人公にしたシーンでは普通に出会いから始まって別れで終わるという構造です。

2014年／アメリカ
監督・脚本:リチャード・ラグラヴェネーズ
出演:アナ・ケンドリック、ジェレミー・ジョーダン
原題:The Last 5 Years

女性視点と男性視点とで、ふたりの出会いから別れまでの5年間の時間経過をさかさまに描いて、その時々の段階で、つきあっている男と女がそれぞれどう感じているのかを表現しています。

ミュージカル映画って、リアリティのある世界観のなかで急に人々が歌い出したり踊り出したりしてドン引くという感想も耳にしますが（それを言ったら、僕の本業であるAVも突然セックスし出すので、ドン引く人もいらっしゃるかもしれませんが）、この作品ではダンスシーンはわりと少なく、ふたりの男女が交互にカラオケで心情を歌っているみたいで、大げさな感じではありません。

ラブストーリーでミュージカルというと、デュエット曲が多そうなものですが、ほとんどのシーンでおたがいの感情を一方的に歌でぶつけているだけなのもテーマと合っている。歌が、ドラマ全体のテンションを盛り上げるためではなく、あくまでも二人それぞれの情動を表現していて、現代風のミュージカルといっていいのかもしれません。

テーマは明瞭で、僕がこの本の中でしばしば考えている「**恋愛関係における、嫉妬する側の**

被害者意識と、嫉妬される側の〝相手の注文どおりには愛せない罪悪感〟の苦しさ」です。

カップルとして結ばれたふたりですが、ジェイミー（ジェレミー・ジョーダン）が作家デビューして成功していくかたわら、女優であるキャシー（アナ・ケンドリック）はオーディションに落ち続けて芽が出ない。ジェイミーは自分の仕事や魅力が評価されるのが嬉しい反面、しょんぼりしているキャシーを置き去りにしている罪の意識がある。

売れていない頃はキャシーのことが大好きだった彼ですが、有名になると、ほかの女性からの誘惑も多くなる。それでも「浮気しちゃいけない」とがんばります。ところがキャシーは、ジェイミーが特に悪いことをしていないのに、だんだんイラついてくる。

恋愛をしながら（あるいは妻でありながら、母でありながら）、仕事でも自己実現をしたいと夢をもつ女性が、精

神的に引き裂かれていくシビアな主題は、レオナルド・ディカプリオとケイト・ウィンスレットが崩壊する夫婦を演じた傑作『レボリューショナリー・ロード　燃え尽きるまで』でも描かれました。あれは1950年代のアメリカという高度経済成長期で「男を能率よく働かせるために、女性は専業主婦をやらなければならない」と社会が圧力をかけていた時代の話でした。

でも『ラスト5イヤーズ』には、そういう時代的・社会的背景がない。二人の〝被害者意識〟と〝罪悪感〟に向き合うしかない。

依存と回避について知ろう

このシンプルなドラマでわかるのは、ジェイミーのように成功すると、キャシーのことを嫌いになったわけじゃないのに〝回避型人格〟になる危険性があるということ。せっかくその力を得たのだから「どこか、もっと遠くまでいきたい」と願うわけです。

ところが売れていないキャシーは、こう言っちゃなんですが精神的に暇だから〝依存型人格〟になる。「私が愛してほしいような形で、もっと愛して」とジェイミーにすがりつく。

仕事と愛情の兼ね合いって、ある種の人にとっては常に難題です。ジェイミーはヤリチンというわけではないし、キャシーも精神的に弱い人ではありません。だからこそキツい映画だ、ともいえます。

依存と回避って恋愛関係で誰でも陥りがちだし、多くの人間関係（仕事でも、親子でも）の基礎でもあるから、その心理の方程式はみんなが知っておくべきだと思うんです。「いま、自分は依存っぽくなってるな」「回避っぽくなってるな」とわかるから。

いまだに「男が仕事で大変なのは、いいこと」とか「浮気は男の甲斐性」とか「男が稼げないのは恥ずかしい」とか「女が家事（＝相手のケア）をしないのは、おかしい」とか「結婚することが女の幸せ」とかいった通念が（言う人は減りましたが、個人の心の中に）残っているせいで、たしかに「男＝回避、女＝依存」あるいは「女性がメンヘラ化する」というケースが目につきます。

でも、必ずしも男だけが回避的な恋愛（つきあってるのになかなか結婚を決心しないとか、仕事が忙しくて相手にかまわないとか、浮気とか、二股とか）をして、女だけが依存的な恋愛（嫉妬とか）に苦しむ、と決まっているわけではありません。逆もあります。

その人のキャラ次第だし、考えようによっては「忙しすぎる人は、仕事に依存している」「浮気性の人は、性の刺激に依存している」と見ることもできる。

つまり、じつは依存性の強い者同士が惹かれあって、結びついているのです。その人が仕事で挫折して恋人に依存を始めたら、今度は、この間まで依存していた恋人のほうが回避し始める、なんて場合も多い。

依存と回避は「ちょうどいい具合に、おたがいを愛せない」という意味で、根っこでは同じものだと考えられます。ふたつは必ずセットで現れ、おたがいの状態によって入れ替わることもある。

いずれにせよ、それは自分だけが、あるいは相手だけが悪いのではない。人間同士って本当にフラットに仲良くなって愛しあうのはなかなか難しくて、気をつけてないと、同性の友人であっても仕事のパートナーでも、依存と回避の現象は生じてきます。

「躁鬱」と似た部分もあって、回避している人は躁状態だから仕事はうまくいきやすいんです。そして依存していると鬱っぽくなってしまう。

だから仕事がうまくいっているときやモテ状態のときは、自分は回避性になって人を振り回しているのでは？　と自省したほうがいい。同じ時期に「ある人に依存しながら、ほかの人たちに冷たくして惹きつけている」ということだってありえます。

依存の状態になったら、どうしたらいい？

昔だったら、旦那は外でプロの女性と浮気をしてくるかもしれないけれど、お金は稼いでくる。でも家庭には全然コミットしない、そんな回避型の夫をもつ妻が大半でした。

回避型の夫は実は罪悪感を隠しもっているので、どんどん働く。「亭主、元気で留守がいい」なんて言葉があったように、奥さんがうまく手綱を握ってさえいれば、それで社会全体が（いちおう）うまく、まわっていた。

その頃とは時代が変わりました。この映画でもキャシーが「私は専業主婦には、なりたくない！」と歌い上げるシーンがあります。でも、これは残酷な言いかただけど、キャシーはジェイミーが売れたから嫉妬してるんじゃなくて、もともと「かまってほしい！」という強烈な衝動があったんじゃないでしょうか。

そういう彼女の依存性が最初はジェイミーを惹きつけた。キャシーが女優として売れないのは、依存が麻薬のようになっているからです。つらいけど、そのつらさが彼女には「気持ちいい」んです。それをやってる間は不幸である、と本人が気づかないと変われないんですよ。

依存と回避がペアになって、悪い〝共依存〟の状態になると、片方がわざと回避的な行為をして相手を怒らせたり、わざと激しく依存させたり、回避側が罪悪感に耐えきれなくなって暴言や暴力に発展することもある。

依存していたほうも回避していたほうも、また別のもの（アルコールやギャンブルや、深刻な不倫）に依存する危険もあります。

もし自分が依存的な状態になってしまっていることが自覚できたら？「かまってほしい」という欲求を恋愛以外の危険がない趣味や気晴らしで分散させる方法もあるけれど、それだと根本的な解決にはならないんですよね。

僕は（これも同じことを何回も書きましたけど）、**依存性も回避性も、幼い頃の肉親との関係で満たされなかったことが、きっと根っこにあると思っています。**

自分は、なぜ嫉妬をしてしまうのか。あんなに好きだった人を、なぜ憎んでしまうのか。もしかしたら**「親」や「自分」への憎しみを晴らすための身代わりとして恋をしたり憎んだりしているのではないか。**

あるいは、なぜ回避することで相手を支配してしまうのか。

被害者意識や罪悪感だけに心を向けるのではなく、自分を俯瞰して見てみましょう。自分一人ではなかなか自分のことが見えてこないなら、信頼できる相手に話を聴いてもらうのもいい。ただし、今度はその相談相手に依存してしまう、といった落とし穴には注意してください。

程度の差はあれ、恋愛における依存と回避は、普通の男女にも起きがちなことです。この『ラスト5イヤーズ』に限らず、恋愛関係や親子関係を描いたキツい内容と評判の映画を、パートナーと一緒に観て自分たちのこととして考えてみるのは、荒療治だけど〝考えるきっかけ〟には確実になります。

映画を観て感情を揺さぶられ、同じ映画を観た人と話し合うと、相手が何を考え何を感じているのかがわかるし、自分で自分のこともわかるし、自分の考えや感じかたも相手にバレるんです。

それは、いいことです。

この映画を観たら、女性はジェイミーに対して怒りを感じるかもしれないし、男性はいやな気分になるかもしれない。でも男が「女ってウザいよね」と思ってるだけだと何も変わらないので、女性がどう感じているのかに目を向けてみる。女性の側も「男って、こう考えてるんだ」「こういう罪悪感をもってるんだ」と、相手の感情がどう動いているのかを知ることが必要です。

この映画の教訓

依存と回避は、もともとみんながもっている性質で、
どちらかが一方的に悪いということは、
ほとんどありません。もし自分の嫉妬心や浮気心が、
相手を苦しめ、自分もつらいと感じたり、
被害者意識や罪悪感を
どうしても持ってしまったりするなら、
その原因がおたがいの心のどこにあるのかを
見つめるために二人でキツい恋愛映画を観ましょう。

『ラスト5イヤーズ』

女たちだけで暮らす
幸せな「家」のかたち

『海街diary』

似ていない四姉妹が織りなす、女の映画

鎌倉の古い一軒家に三姉妹だけで暮らす血のつながった女子寮のような生活に、とつぜん加わることになった一人だけ母親が違う末の妹。綾瀬はるか、長澤まさみ、夏帆、広瀬すずという豪華四姉妹と、大竹しのぶ、樹木希林、風吹ジュンという大物女優陣が共演します。

みごとな女性映画です。少女の目に映る3人の姉たちの姿が、現代の独身女性たちのさまざまな生きかたの、優しさや弱さ、仕事の困難や楽しみ、肉親や恋人との軋轢《あつれき》を体現しています。

吉田秋生（『櫻の園』『BANANA FISH』ほか）の人気マンガを原作に『そして父になる』『万引き

2015年／日本
監督:是枝裕和
出演:綾瀬はるか、長澤まさみ、夏帆、広瀬すず、加瀬 亮、鈴木亮平、坂口健太郎、樹木希林、リリー・フランキー、風吹ジュン、堤 真一、大竹しのぶ

家族』の是枝裕和監督が映画化しました。

15年前に家族を捨てて縁が切れていた父の死の知らせが届き、その葬儀で三姉妹は、父が遺した中学生のすず（広瀬すず）に初めて会う。三姉妹の母から父を奪ってすずを産んだ女性もすでに亡く、3人は孤独になったすずを引き取り、4人で一緒に暮らすことを決めます。

長女の幸（綾瀬はるか）は有能で真面目な看護師です。家では寮母さんのように口うるさく妹たちの世話を焼く気丈な彼女は、父への「なぜ私たちを捨てたの？」という気持ちを清算できていません。父が去ったのは「母が、だらしない女だったから」だと思いたいのでしょう。再婚をして別の土地に住む母（大竹しのぶ）を憎み、母に似ているところがあると言われると激怒し、母のような女になるまいと必死で、母が自分たちにしてくれなかったことを妹たちに〝やりなおして〟います。職場のエリート医師とつきあっていて、一人暮らしの彼のマンションを訪ねては、そこでも良い妻のようなお母さん（彼の！）のような役割をしてしまう。

次女の佳乃（長澤まさみ）は信用金庫に勤めるＯＬ。惚れっぽいところがあって、ダメ男を自分から切れなかったり、ホストに入れ込んだ過去があったり。ストレスはお酒で晴らします。

〝女性にとっての仕事〟ということをさほど真剣に考えてはおらず、かといって結婚に向いた相手もいない。幸に怒られてケンカばかりしていますが、本当は、おたがい頼りにしあっているのです。

三女の千佳（夏帆）は姉たちのケンカを知らぬ顔のマイペース。父母が別れたとき、まだ幼かったからでしょうか、二人の姉から可愛がられ、成長してどちらの姉とも似ていない女になりました。姉二人はそれぞれ昔ながらの「しっかり者タイプ」と「女っぽい、男好きのするタイプ」ですが、千佳は趣味に生きる「文化系女子」で、天然なのです。いわゆる「女おんなしていないタイプ」とも言える。ところが面白いことに恋愛は、千佳がいちばん安定しています。まだ本当に子どものすずは、体育会系スポーツ少女でした。男の子たちに交じって地元のサッカーチームで活躍します。

〝男らしくなさ〟が裏テーマ

さまざまなタイプの、中学生からアラサーまでの女たちの、肌を丁寧に描いた映画だとまず思いました。

すずの肌は夏のサッカーで健康的に日に焼け、その色が褪《さ》めていき、季節が過ぎていくことが表現されます。

千佳は年齢的には大人ですが、すっぴんです。すずが現れるまでは彼女が、みんなが家族を形成するために「子どもの役」を演じていなければならなかったからでしょう。

いちばん年上の幸は（なにしろ綾瀬はるかですから）異常なくらい美肌です。職場でも薄化粧で毎晩きちんとメイクを落としてケアして寝るのでしょう。看護師は清潔であるのも仕事のうちですが完璧主義すぎて、病院でも彼氏以外からは、きっと怖がられているでしょう。

超美人・長澤まさみが男と酒に疲れた肌の、ちょっと田舎のごく普通のＯＬ・佳乃を演じているのも、エロい感じがして素晴らしい。

肌だけでなく、お葬式や法事のシーンで４人姉妹の喪服のスタイルがまったく違うのも印象的です。

是枝監督は「女性」が好きなんだなあ、よく観察しているなあ、と思いました。綾瀬と広瀬にはそれぞれ、サシで、あの大竹しのぶとガップリ四つに組んで演技で渡り合わなければならないシーンも用意されています。

さらに僕が感心したのは、この映画に出てきて**姉妹に絡む男たちが、みんなそれぞれ「男らしくない」ということでした。それがこの映画の裏のテーマであることは明らかです。**

佳乃は、年下で学生の彼氏・藤井（坂口健太郎）を甘やかし、破局します。次に佳乃の前に現れたのは上司の坂下（加瀬亮）ですが、彼は今まで佳乃が惚れてきたダメ男たちとは違うタイプです。大手都市銀で出世コースだったらしいのですが、どういうわけか田舎の信用金庫に転職してきた男。けれど景気の良くない地域の人たちに、親身になって優しく相談に乗る。佳乃は、坂下と一緒に営業回りをするうち、だんだん仕事というものが楽しくなってきます。恋愛ジャンキー気味だった佳乃が、草食男子っぽい坂下に抱いた感情は健康的な〝憧れ〟なのです。

千佳の恋人・浜田（池田貴史）は怪我で障碍《しょうがい》を負って登山家になるのを諦めた、スポーツ用品店の店長。彼もまた心優しき「男性社会の脱落者」です。彼はごく自然に、空気のように四姉妹の生活に「お邪魔」するのです。こういう男性は女性たちから愛されますよね。佳乃の元カレの藤井が、セックスだけは一人前にするくせに、佳乃の姉妹と会うことは拒むのと対照的です。

すずに恋する同級生の少年・風太（前田旺志郎）は、すずよりサッカーが下手です。でも、すずのことが大好きです。

問題なのは、幸の恋人・椎名（堤真一）です。彼は立派な志をもった医師で、教養もあり、収入も抜群に良く、男性社会での成功者です。さらに一見、幸にも優しいのですが、その優しさは古い男の男らしさです。

彼は独身ではなく、一人暮らしなのは妻と別居しているから。妻は精神を病んでいます。だから離婚しないのも「優しさ」です。妻子を捨てた男の子どもである幸は「奥さんと別れて」とは言えません。

椎名は妻と幸との間で、決めることから逃げている、と言ったら椎名に酷でしょうか。彼は決めないことによって幸という「もう一人の妻」を得ています。

映画に登場しない（その死から物語が始まる）四姉妹の父は、椎名とは逆で、家族を捨てることを決めて妻や子から逃げた男でした。

傷ついた女たちと弱くて優しい男たちだけで、幸せに生きていくことができる

けれど、この映画は悲恋の映画ではありません。結果的に幸は恋愛で傷つきませんでした。なぜでしょう？

佳乃の「銀行で働くOLが、お金にだらしない若者と関係する」という設定は、『紙の月』の宮沢りえ演じるヒロインと同じですから、破滅をしてもおかしくない。その危機はあったように映画でも描かれます。けれど佳乃は破滅を招く行動をとりませんでした。なぜでしょう？

彼女たちには、男性性（家父長制度）に支配されていない、女を抑圧しない、そこに帰ることで癒される「家」があったからです。

それは、女たちだけの家です。

彼女たちの暮らす「家」は、世間から見たら非常識な、欠損している家庭かもしれない。け

れど『紙の月』のヒロインの夫婦生活より、遥かに健全に機能していた。**まともな家庭が**（またはそういう〝まともな結婚や出産が女の幸せなのだ〟と決めつける圧力が）、**女性や子どもを苦しめているケースが、現代では多々あります。**

また、女だけの家といっても、そこに女の世代間の権力が働いていては、たとえば母親の大竹しのぶや大叔母の樹木希林が男性の代理者として君臨しているような家では、やはり娘たちの心は安らがないでしょう。

幸と佳乃は姉妹で、ケンカもしますが、おたがいの欠点を理解しあって許しあっており、対等で、友情がある。ある時期までは千佳が、これからはすずが、庇護《ひご》されるべき者として存在している。

家のなかに男がいなくても、女たち一人ひとりが自立していて、さらに自分が産んだ子ではなくても「守るべき、育てられるべき者」がいることで、女たちだけで幸せに暮らしていけるモデルケースです。

この映画には、もう一組のカップルが登場します。鎌倉の海沿いの喫茶店の店主・福田（リリー・フランキー）は、同じく食堂を切り盛りする自分より10歳くらい年上の女性・さち子（風吹ジュン）と仲良くしています。

柔らかい人柄の福田も男性社会には生きてはいない男ですがさち子から逃げない。そこが四姉妹の父と違うところです（俳優としてのリリーさんは福田みたいな善人を演じるより、同じ是枝監督の『万引き家族』のどうしようもない父とか、『凶悪』や『全裸監督』での悪人の役のほうがイキイキしていて好きですが）。

千佳の恋人・浜田も、逃げない男です。いや、じつは福田や浜田は、逃げることができない男なのです。椎名が逃げられるのは、彼が強い男だからかもしれない。つまり、女や子どもを苦しめない父性をもっているのは弱い男たちのほうなのかもしれない。

四姉妹の父や、椎名や藤井は、悪い意味で「男らしくない」（昔ふうに言えば「男らしい」）。福田や浜田や坂下や風太は、良い意味で「男らしくない」（昔ふうに言うところの「男らしくない」）。**自分の弱さを認め、でも甘えない彼らは、かっこいい。**

さち子は、子どもを産まなかった女性です。そういう生きかたも、すばらしいと思います。

彼女のアジフライは「子どもを作らなくても人間は遺伝子を残せる」という象徴です。

幸や佳乃は、いつか子どもを産むのでしょうか。産まずにずっと働きながら、千佳と浜田の間に生まれた子を、あの家で、みんなで育てるのかもしれません（浜田は、もしかしたら歳をとってからまた山に登って、山で死ぬかもしれません。その可能性はあります）。

佳乃はそのうちどこかのダメ男と結婚して別れて子連れで戻ってきて、その子もみんなで育てるのかもしれません。


現代では少なくない女性たちが、この姉妹のように、それぞれ「父」を喪失し「母」を憎み、「男らしいように見えるけれど、じつは卑怯な男」たちに振り回され、しかし女同士の「男のいない家族」的な友情に癒されているように思えます。

この映画の教訓

女たちだけで
「家」を機能させることも、
子どもを育てることも、
結婚せずに幸せに
暮らしていくことも、できます。
「家」のなかに権力者としての
男性は必要ありません。

男の子が好きそうな世界を舞台に、がっつりフェミニズムをやりました

『マッドマックス　怒りのデス・ロード』

アクション映画に先入観をもっている人にこそ観てほしい

ここまで、だいたい恋愛かセックスが出てくる映画を取り上げてきましたが、もちろん『マッドマックス　怒りのデス・ロード』は恋愛映画じゃありません。「SFだけどおしゃれ」とか「ドンパチだけど、男同士の関係が渋くてエロティック」とかでもない。殺風景な砂漠を、狂った形に改造された自動車がひたすら走りまくる映画です。戦う女であるシャーリーズ・セロンとロージー・ハンティントン・ホワイトリーたちは美しいけれど、男

2015年／オーストラリア
監督:ジョージ・ミラー
出演:トム・ハーディ、シャーリーズ・セロン、ニコラス・ホルト
原題:Mad Max : Fury Road
＊原題の持つ意味は本文を参照

は、へんなあんちゃんとキモいおっさんしか出てきません！　でもアクション映画に興味がない皆さんにも、ぜひ観てみていただきたいのです。

状況説明っぽい台詞がまったくなく、ただただアクションとキャラの魅力だけで物語が進んでいくのですが、登場人物それぞれが（味方も悪役も）何を思っているのか、なんのために戦っているのか、そのときの気持ちがとてもよくわかる。静かな場面でも主人公たちは多くを語り合わず、表情と視線を通わせる。繊細な演出です。

超絶に危険なカースタントは、まったく手を抜いていない。驚愕します。情熱と高い意識で作られた映画であることが、画面から伝わってきます。いつも僕を美しい恋愛映画に連れていってくれるこの本の元になった連載担当の女性編集者さんが、観終わった後でヒャッハー状態になって「2回目も観たい！」と言っていました。そんな映画です。

オーストラリアで誕生した『マッドマックス』シリーズの続編であり、30年ぶりのエピソード4なのですが、昔の3部作を観ていなくても、予備知識として以下の何点かだけ押さえておいてもらえれば大丈夫です。

①かつての3部作で主人公マックスを演じたのは若き日のメル・ギブソンで、彼はこれで大スターになった。1は、暴走族どもに妻子や親友を殺された警官マックスがスーパー改造カーで走りまわって復讐する話。

②旧3部作の1と2の間で、とつぜん脈絡なく世界大戦が起きて地球の文明は崩壊、舞台は一面の砂漠になりました（1がヒットして予算が増えたんで、次は砂漠でロケしようということになったんでしょう）。復讐は遂げたけれど本人は生き残ってしまったマックスが、2では弱い者いじめをしている別の暴走族と戦って新世界の救世主となる。この暴走族は核戦争を生き延びた暴走族なので、衣装や乗り物も異様にゴツく進化。あの人気マンガ『北斗の拳』の元ネタといわれています。

③今回の『怒りのデスロード』を監督したのは旧3部作の監督

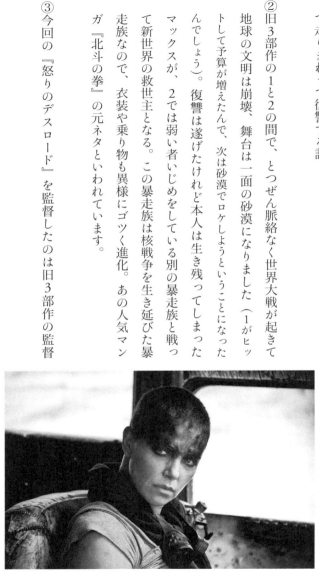

ジョージ・ミラー。つまりシリーズの産みの親。69歳でこんなに激しい映画を撮ったクソ元気なお爺さんです。彼はこの30年の間に『ベイブ』や『ハッピー フィート』といった動物ほのぼの映画を監督して、それもヒットさせ、そして再びこの荒々しい世界に戻ってきたのでした。

④原題は『MAD MAX : Fury Road』。「fury」は「激怒」「憤怒」という意味ですが、語源は「復讐の女神」「怒りの女神」を意味するそうです。もちろんシャーリーズ・セロン演じるヒロイン、フュリオサのことです。「怒りの死の道」じゃなくて「怒る女たちの道」なんです。

悪の首領は〝キモい恋愛おじさん〟

この映画のテーマは現代の女性と男性が抱える、それぞれの問題に関わっています。登場する3人の男性キャラの「男としてのありかた」が僕にはとても印象的でした。

まずは今回からトム・ハーディが演じる主人公マックス。それから悪辣な支配者イモータン・ジョー（ヒュー・キース＝バーン。最初の『マッドマックス』の、暴走族の首領と同じ役者さんです。公開当時68歳）。そしてジョーに操られている若者たち〝ウォーボーイズ〟の、ニュークス（ニコラス・ホルト）です。

砂漠を放浪していた孤独なマックスが、ジョーとフュリオサの戦いに巻き込まれるのがストーリーの骨子です。フュリオサはジョーがいちばん信頼していた、悪の軍団の女幹部だったのですが、ジョーを裏切り、5人もいるジョーの美しい妻たちを監禁生活から救い出し、連れて逐電《ちくでん》しました。怒り狂ったジョーはウォーボーイズたちを指揮して、フュリオサと妻たちを追います。

マックスがフュリオサたちを助けることになるのは、彼女たちに同情したからではありません。ほんの〝いきがかり〟であり、彼自身がただ生き延びるためなのですが、**さらにマックスはフュリオサにもジョーの妻たちの誰にも、恋愛感情を抱きません。性的な欲望の対象にもしません。これは彼が「高潔なヒーローだから」ではなく、たんに彼が「インポだから」じゃないかと僕は思うのです。**

マックスは過去に（文明が滅びる前に）愛する妻と子を殺されていて、その復讐はもう済んでいます。彼は生きるための動機や目的をすでに失っている、幽霊のような男です。だから女に惚れないし勃起もしない。

しかし肉体は異常に健康で、腕っぷしも強いのです。命だけは終わっていないから、生き続けなければならない。生きていくためにならなんでもやる、つまり彼は悪役であるジョーと比べて「悪いことをしない」わけではない。ところが、それが結果的にフュリオサたちを助けることになる。

では、ジョーとマックスの違いはなんなのか。イモータン・ジョーはインポではない。勃起し続けたがる、勃起してない男に存在理由はないと自ら思い込んでいる、目的だらけ動機だらけの男です（ここでいう勃起というのはセックスでのことだけを指すのではなく、いつも僕が使う比喩ですが、広い意味での男性性、男が男であるために求める「女性からモテる」とか「社会的な地位」とか「収入の額」とか「プライド」のことでもあります。それらがうまくいかないとき、ダメな男は暴力をふるうことがあります）。しかしジョーの肉体は老い、業病にとりつかれてボロボロです。

貧しい人々を支配し、美しい女たちを独占して性的に搾取し、自分の子どもだけを産ませ、ウォーボーイズたちを宗教的に洗脳して将棋の駒のように操るジョー。しかし彼が支配しているからこそ、文明が滅びた世界にも秩序が残ったのかもしれません。**彼は「中小企業の、わがままだけど経営能力の高い社長」であり「家庭を支配する、暴君としての父親」です。**

健康だけどインポなマックスと、不健康だけど情熱的なジョー。ジョーが逃げたフュリオサや妻たちを追いかける動機は、プライドを傷つけられた怒りも、子どもを産ませるために彼女たちが必要だったこともあるでしょうが、すべての女に一挙にふられた哀しみでもあり、彼が彼なりにフュリオサや妻たちに「恋をしている」からだ、とも僕には思えるのです。

そんな恋は、恋される女の側にしてみたらたまったもんじゃありませんが、しかしこれが、男であるために常に勃起し続けなければならない可哀想な男の「ロマンチックさ」です。彼は**「俺のことを大切にしろ!」**と叫んでいるのです。

若い独身女性と身勝手な不倫をしていて「俺は妻のことも彼女のことも愛している」と言い放つロマンチックおじさん、よくいますよね。しかし愛人にふられると、怒ったり泣きわめいたりする。ジョーはいい歳をして恋愛にハマる中年男そのものです。

では、虚無的インポがヒーローでロマンチック恋愛おじさんが悪役を務めるこの映画は、男の恋を完全否定しているのでしょうか。そうではありません。

人生の途中で生きる目的を失ったマックスと違って、ウォーボーイズたちはジョーの支配する国で生まれ、最初から目的も動機もありません。しかも健康なマックスと違って、彼らは虚弱です。目的がなかったらすぐに死んでしまう。だからジョーは彼らを洗脳して、動機を注入します。それは「ジョーのために一生懸命に働く」「ジョーに命を捧げて死ぬ」「それがかっこいいことだ」という思想。まさにブラック企業です。ウォーボーイズたちのありさまは旧日本軍の特攻隊を彷彿とさせます。

そんなボーイズたちの一人であるニュークスは、物語中盤でジョーに見捨てられ、仕方なくフュリオサ一行に加わることになり、5人の妻たちの一人ケイパブル（ライリー・キーオ）に恋をします。その初恋によって自分自身の動機を得た彼は、権力者からの支配を脱して「一人の人間」になる。つまり、大人になるのです。

中年男の共依存的な恋は、ダメな恋です。しかし何も持っていない少年の恋は、彼が自立し

て成長するために有効な場合がある。

欲望をもたないのに仕事はできる、真にかっこいい男

フュリオサが隻腕《せきわん》であることは、彼女が登場してすぐには画面で表現されません（観ている人が最初は気づかないように撮っています）。彼女は失った左腕の代わりに、強そうな義手をつけていて、それは過酷で悲惨な過去をも意味していますが、彼女が「半分は女で、半分は戦士（男）である」ことも表していると思います。

つまり、イモータン・ジョー氏が「独裁的で不倫もしている男性経営者」だとしたら、フュリオサは「めちゃめちゃ仕事のできるキャリアウーマン」です。そして彼女はおそらく、昔はジョーに恋をしていました。恋していたから憎み、怒るのです。フュリオサと恋愛をしていた頃のジョーは、醜いエゴのかたまりの老人ではなく、リーダーシップあふれるかっこいい青年実業家だったのかもしれません。

ジョーの5人の妻たちは、夫の醜さと「じつは自分が愛されていなかったこと、夫のプライ

ドのために利用されていたこと」に気づいてしまった「専業主婦」です。

フュリオサはジョー氏と恋愛をしましたが、仕事が忙しすぎて子どもを産みませんでした。本人が仕事が好きだったというのもあるのでしょう。そこをジョーに利用されました。

ジョーは「この女には子どもを産ませず、俺のために働かせよう」と考えたのでしょう。同じように5人の妻たちのことは「こいつらには、俺の後継ぎを産ませよう」と考えました。

もちろん女性は、子どもを産んでも産まなくてもいいのです。人生がどちらに転んでも女は幸せになることができます。でもエゴイストな男に（エゴイストな経営者は男性だけとは限りませんが）利用されたら、産んでも産まなくても不幸になります。

フュリオサはジョーの会社を辞めて、偶然出会ったマックスと勢いで起業したようなものです。フュリオサは運が良かった。マックスはフュリオサと同じくらい仕事ができる男でした。

しかも彼がすごいのは、仕事はできるのに、決して「男に任せとけ」的な態度をとらないことです。彼は他人を利用しない。戦闘中にフュリオサのほうが狙撃がうまいことを知ったマックスは、あっさりとフュリオサに銃を渡し、肩を貸して彼女を支えます。「ここは俺が一人で行くべきだな」と判断した局面では、ささっと一人で行って敵の一部隊をささっと皆殺しにして戻ってきて、そのことを自慢したり恩に着せたりしません。

本作は明らかにシャーリーズ・セロンを美しく、かっこよく描くための映画ではあるのですが、マックスの人物造形も、演じるトム・ハーディも素晴らしいです。インポなのに（と決めつけて申し訳ありませんが）とても色っぽい。**黙って仕事をこなして、恋はしないけれど愛はある、大人です。**ジョーのもつ「俺のことを大切にしてくれよ〜」感が皆無で、フュリオサとの関係は完全に対等です。

その対等な関係には、セックスの匂いがしないのに色気があるのです。

妻子を殺されたばかりで怒りと悲しみと狂気にギラついていたメル・ギブソンの初代マックスもいいですが、新しいマックスの「愛する者を守れなかった罪悪感」は自責的な神経症として表現されていて、それがまた現代的です。

そんな彼の心は、戦って悪を倒して弱者を救うことでは癒されず、女性に抱きしめられることで癒されるのでもなく、なんと「フュリオサの傷ついた体をケアすることで癒される」のでした。言ってみれば彼は**「風邪をひいた女性にお粥《かゆ》を作ることで、自分も癒される男」**なのです。今までのアクション映画に、そんなヒーローがいたでしょうか。

というわけで、ぜひ女性にも男性にも観ていただきたい傑作です。特に「なんとなく彼氏（あるいは夫）にムカついている」という人は、フュリオサの戦いっぷりにスカッと気分が良くなるんじゃないかと思います。

普通、こういう映画の悪役は悪役なりにかっこよく描かれるものですが、イモータン・ジョーは徹頭徹尾、醜いです。僕は「ああ、ジョーは俺だ」と思いました。そして「ジョーのようには死にたくない。死ぬまでにはマックスみたいな男になれるかな。いつかなれたらいいな……」と思いました。

そのためには、まずはインポにならなくてはいけないのかもしれませんが……。

この映画の
教訓

真にかっこいい男とはマックスのように、
エゴは薄いけど体力はあり、
目的も持たないが仕事はできる、
本質的に優しい男です。
そんな男が現実に存在するのかよ、
どこで会えるんだよ、
という問題はありますが、
皆さん各自でがんばってください。

ニュークス君のような若者を
マックスのような男に育てることは
可能だと思います。

教訓の蛇足

イモータン・ジョーのような男性は
世間にゴロゴロしているので各自、気をつけてください。
〝恋愛おじさん〟ってモテるんですよ。

「あんなキモい怪物には私は引っかからないよ」と
安心してる女性は、ジョーがあの姿ではなく
『海街diary』の堤真一だと思ってください。
堤さんが演じた椎名は暴力こそふるわないけれど
「俺のことを大切にしてくれよ」
「俺を愛してくれよ」と女に願い続ける
日本版のイモータン・ジョーであり、
綾瀬はるかはとても日本的なフュリオサ(働く女性)です。

あなたには「人を愛すること」ができますか？

『ピース オブ ケイク』

〝恋愛体質〟とはなんぞや？

いわゆる恋愛体質のＯＬ・志乃（多部未華子）は、ダメな男とばかり関係を重ねてしまいます。真面目そうなサラリーマンの彼氏・正樹（柄本佑）からは「なぜもっと僕を真剣に愛さないんだ！」と詰め寄られてＤＶを受け、イケメンの同僚・ミツ（小澤亮太）にはワンナイトラブからの〝遊びの交際〟を提案されてしまう。

何もかもいやになった志乃は、正樹と別れて会社も辞めて、古いアパートに引っ越して生活を変えました。そこでたまたま隣の部屋に住んでいた新しいバイト先の店長・京志郎（綾野

2015年／日本
監督:田口トモロヲ
出演:多部未華子、綾野 剛、松坂桃李、木村文乃、光宗 薫、菅田将暉、柄本 佑、峯田和伸

剛）に一目惚れして、またもや運命的（笑）な恋に落ち……。

少女を卒業した女性向けマンガ（作・ジョージ朝倉）を原作に、過激なアングラ・パンクバンドのボーカリストでもありながら一時はありとあらゆる日本映画やテレビドラマに出演しているとまで言われた多忙な俳優であり「プロジェクトX」の渋いナレーションでもおなじみ田口トモロヲが監督。

観ていて恥ずかしくならない、丁寧でリアルな「サブカルあるある映画」としても面白い（たとえば、宮藤官九郎が阿佐ヶ谷ロフトAの店長に扮して、なるべくカメラの正面に顔を向けないように演技しているのだけれど、どこからどう見ても宮藤官九郎なので可愛らしい等）のですが、それだけではなく「平凡な女性の〝痛い恋愛〟あるある映画」として秀逸です。

恋愛依存症の男女をただ笑うだけではなく、観た者が「人を好きになるって、なんなのか」を考えざるをえない。サブカルチャー好きじゃなくても楽しめます。

交際がうまくいかず毎回のように揉めごとになってしまう人を、本人に聞こえるところではオブラートに包んで「〇〇さんって恋愛体質ですよね」とか言いますけどね、あれ、本音としては（あくまでも僕の本音ですが）、「メンヘラですよね」って言いたいわけです。

恋愛で情緒が不安定化するメンヘラは、女性の専売特許みたいに思われていますが、近年では男メンヘラも増えています。いや、昔からたくさんいたけど目立っていなかった、あるいは社会的に許されていただけかもしれませんね。

映画の冒頭で志乃が関わっていた男たちは、執着で視野が狭くなってしまうマジメ男も、女性を侮辱するヤリチン（余裕があるようで、じつは余裕がない）も、みんなメンヘラです。

志乃は恋愛体質ではあるけれどメンヘラではない。

ただ、すぐに男性とつきあってしまい、それを継続させることができない。部屋で小さな植物を育てるのが趣味ですが、いつも必ず枯らせてしまうことにコンプレックスを抱いている。愛のある生活に憧れ、でも相手の本当の感情になかなか気づけず、自分の感情にもコミットしていない彼女のふわふわした心が、相手の男性のメンヘラ性をさらに煽るのでしょう。都合のいい関係が目的のミツと寝てしまったことは「くやしい」と思ってケンカになり（侮辱されたのだから、当たり前ですが）、逆に、正樹に執着されるとやる気を失う（もちろん正樹はＤＶ男ですから逃げるのは正解なのですが）。

京志郎に恋したきっかけは「彼の笑顔が、何も考えてないみたいで好感がもてたから」。今までの男たちと違って、こじらせた変なプライドをもたない京志郎が〝善人〟であることを、志乃は直感したのでしょう。

ところが、この恋にはライバルがいました。京志郎は美人の恋人あかり（光宗薫）と同棲していて、あかりはアパートの庭で家庭菜園をやって立派なトマトを育てることができる女だったのです。

振り向いてくれない相手に恋をする理由

いや冷静に考えたら、ちゃんと植物を育てられることが、必ずしも〝楽しい恋愛〟につながるとは限りません。ていうか、あかりの家庭菜園は狭いアパートの庭には立派すぎて、なんだか京志郎を外から守るための「結界」みたいです。あかりは、なかなかどうして強烈なメンヘラ女性なのでした。

かたや京志郎は、あかりと同棲している間は志乃のアプローチをかわす、意外と堅い男。あかりに対して何か罪悪感のような感情を抱いていたのかもしれません。**弱者モードで依存するメンヘラの人は、相手に無意味な罪悪感を抱かせることがあります。**

やがて、あかりは情緒不安定になってアパートを出て行ってしまう。さみしくなった京志郎は、さみしさをごまかすように大喜びで志乃とつきあう。志乃と京志郎は似た者同士の、さみしがり屋なんですね。さみしがり屋の人こそが、相手のメンヘラ魂を刺激するのかもしれない。共依存を形成しやすいのでしょう。

では、さみしがり同士の恋愛はどうなのでしょう？

「さみしい」「恋愛がしたい」という動機から恋を始めてしまう京志郎と志乃は、どちらも、相手をちゃんと愛せない人間です。**人を愛せない人は、ちゃんと自分のほうを向いてくれない人に燃えます。**

志乃の感情は、愛ではなくて〝愛してもらいたい欲求〟で、京志郎に執着するのは、まだ

〝あかりの影〟がちらついているからです。
京志郎は、志乃がOL時代に関係した男たちのような問題行動はしない、とても普通の〝いい奴〟ではあるんだけど、だから決められない。志乃からは積極的に言い寄られ、戻ってきたあかりには「やっぱり、あなたがいないとダメなの」と泣かれ、どちらかを選ぶことができない。

京志郎が決められないのは、彼が人から〝愛してほしいから〟です。クライマックスともいえる重要なシーンで、京志郎は「俺を愛せ！」と志乃に詰め寄ります。でも、あれは同時に自分にも突きつけたのでしょう。映画の冒頭で正樹が「もっと真剣に僕を愛して！」とダダをこねているのとは、同じ言葉を使っているようで意味が違います。

志乃からすれば「男が女に愛してくれとは何ごとだ、お前こそ私を愛せ！」と言いたいでしょうが、相手と自分に自分の欲望を明らかにした京志郎は勇気があります。**この物語は、愛されることを求めるのではなく「愛する」というのはどういうことなんだろう、と問いかけてきます。**

そしてラストでも明確な答えは提示しません。けれど物語のなかで、志乃と京志郎とあかりはそれぞれ成長したようです。あかりは、もしかしたらメンヘラは治ってないのかもしれませんが、それでも強くなりました。僕がいちばんウルッときたのは、志乃とあかりが再会する場面です。

恋をされるイケメンの〝受け身〟問題

現代の男性は恋愛に縁がある層とない層に二極化し、女性はそこそこ可愛い子が増えて、恋愛市場での男女の数は不均衡だと言われています。女性は「自分にとって恋愛やセックスが〝ありえる〟男性」しか目に入らない。非モテ男性が変化する可能性を考えず無意識のうちに切り捨ててしまっている。

イケメンをズラッと揃えたこの映画も、会社にもレンタルビデオ店のバイトにもアングラ劇団にも、現実的に考えたら容姿の偏差値が低い男はもっとたくさんいるはずなんですけど、登場しません。あるいは志乃の目には彼らが見えていないだけかもしれませんが。

そんな状況で、イケメンたちには性欲が切実じゃなくなるケースがあります。あかりみたいなメンヘラ美女が、共依存関係にある「選ばれた男子」にとんでもなくエロいご奉仕をしてくれたりする。自分からは何もしなくて済むから、彼らはそのうち欲望がなくなってしまう。受け身のセックスに慣れてしまうわけです。そして中毒になって精神をこじらせる。

現代の〝恋されるイケメン〟問題ですね。

元彼の正樹は、会社ではいい人だと思われているタイプで、おそらく仕事もできるのでしょう。彼が恋人に暴力をふるう理由はひとつだけ、「僕をもっと大事にしろ」という際限のない感情です。暴力はふるわなくても、女性に対して支配的な態度をとる男も同じことです。

一方で、セックスだけはしておいて「俺は絶対に、お前のことを大事にはしないよ」と宣言して予防線をはる男もいる。OL時代の志乃の浮気相手・ミツは自分の安全圏を確保したまま、女の心のなかに入ってくる。**彼が女性に対して熱心なのは、単純に〝やりたい〟という性欲からではなく、セックスを〝女性を支配する道具〟にしたいからです。**

レンタルビデオ店のバイトの川谷（菅田将暉）も軽く志乃に迫りますが、こちらはミツと違ってまだ幼い。でも彼がいずれ、もっと男性原理が強い一般企業に就職して同調圧力に染まるなら、ミツのような男になってしまうかもしれません。ならないでほしいですが。

まともな会社で働くサラリーマンたち二人が特に恋愛で病んでいるという設定ですが、別にハイスペのリーマンはストレスが高いからメンヘラ化する、というのがテーマの映画ではなく（ただ「人生が詰んだとき、グズグズしてないで思い切って居場所を変えちゃう」のがストーリーの骨子ではありますう）、現実ではリーマンに比べてビデオ店の店長や劇団の主宰者が良質な男だとはぜんぜん限りません。

けれど、なんにせよ「自分はまともだ」あるいは「自分には性的な（男性的な・女性的な）価値がある」と思い込んで、インチキな自己肯定をしながら異性を傷つけ続け、いっこうに自分は変わろうとしない人間は、男にも女にもいますよね。

そういう相手を愛してあげることは、志乃じゃなくてもできないでしょう。

でも一般論として、さみしがりの女性はそういう男の見かけ上の強さに恋をしてしまいがちです。また一昔前の女性にとっては、支配的な男性と結婚しても我慢をして生きていく、それが〝愛してあげる〟ことでした。ほかに選択肢がなかったからです。

現代においては、それははっきりと、間違いです。**恋は、自分を守るためにしたらダメで、**

自分が変わるために〝してしまう〟ものなのです。

『ピース オブ ケイク』は、恋を礼賛する映画ではないし、メンヘラを揶揄《やゆ》する映画でもありません。恋の渦中にいる人も、恋をお休みしている人も、自分自身の恋愛観を見つめ直すきっかけになる映画だと思います。

この映画の教訓

あなたがしている恋愛は、
もしかしたら「好きになってほしい」だけ、
「愛されたい」だけかもしれません。

こじらせた自己愛を、
どうやって客観的に見つめるか

『ヴィオレット　ある作家の肖像』

なぜ〝愛してくれない人〟を選ぶのか

第二次大戦中から戦後にかけてのフランスを舞台に、自らの生と性を赤裸々に綴って文学界に衝撃を与えた実在の女性作家ヴィオレット・ルデュックの半生の映画化。彼女は母への愛着と憎悪を生涯ひきずり、自分は顔が醜いと思い込み、自意識が強く、いろいろな男性や女性に執着し、書いた作品のタイトルは『窒息』『飢えた女』『私生児』『愛を追いかけて』……。

列挙するとすごいですね。その〝いらだち〟と〝生きづらさ〟は現代の生きづらい人たちの感性に通じる、なかなかキツい映画です。

2013年／フランス、ベルギー
監督:マルタン・プロヴォ
出演:エマニュエル・ドゥヴォス、サンドリーヌ・キベルラン、オリヴィエ・グルメ
原題: Violette

主人公ヴィオレット（エマニュエル・ドゥヴォス）は第二次大戦中、やはり作家であるゲイ男性モーリス（オリヴィエ・ピィ）と、生きていくために共同生活をし、それを周囲には〝結婚〟だと偽っていました。

女性とゲイの友情みたいな話はよく聞きますが、この二人の場合はおたがいに性欲を抱かないからセックスしないだけ、精神的には強く求めあい同時に憎みあう、共依存の関係でした。

ヴィオレットにせよモーリスにせよ、やっていることがいちいち〝何かへの復讐〟なんですよ。彼らは他人を求めるときに、自分が愛してほしい形では愛してくれない人を、かならず選んでしまう。愛してくれる人からは逃げ、あるいは相手がうんざりするような暴力的で依存的な求めかたをし、それで逃げられると錯乱したように追う。

モーリスは、ヴィオレットを気づかうよりも自分の執筆を優先させる態度をわざととる一方で、ゲイじゃない若い男に無理やりキスを迫って殴られたりします。バイセクシャルでもあるヴィオレットは、かつての恋人（女性）に復縁を迫って断られる。そういうことをした結果、もちろん本人たちは傷つくわけです。挙句《あげく》、自分を求めてくる人にはむごい仕打ちをして、復讐の連鎖を起こす。

そもそも彼らは、いったい何に復讐しているのか。ヴィオレットの場合は「自分に」であり「母親に」でしょう。

娘本人が望むようには愛さず、「お前のために」と言って手中から逃がさずひっぱり寄せて優しくしたかと思うと、すかさず嫌味を言う。こういう母親に育てられると、人は愛してくれない人に依存しがちになります。

現代でも、そんな母から逃げるために命からがら故郷を出て都会に住み、さあ一人暮らしだと羽を伸ばしても、恋愛をするとうまくいかない女性は少なくありません。

ヴィオレットが自分と同じような痛みを抱えるモーリスを夫に選んだのは、彼が愛してくれないことに「ゲイだから」「ああいう人だから」と理由をつけられるからでしょう。これはたとえば

わざわざ浮気症な彼氏を選んで「私って、だめんず好きだから……」と、自分が幸せになろうとしないことを言い訳する女子と同じです。

〝愛してくれる人〟を選んでしまうと、〝幸せになれるように愛される関係〟に耐えられなくなり自ら破綻《はたん》させてしまう。そのときに理由をつけられない。

自分の苦しみを文章にすることで、視点が変わる

やがてモーリスと訣別したヴィオレットは、フェミニズムの旗手である女性作家ボーヴォワール（サンドリーヌ・キベルラン）に出会い、ストーキングの末に友人となり、小説を読んでもらって才能を認められることになります。

この映画でのボーヴォワールは、とてもしっかりした女性として描かれます。作家としての一歩を踏み出したヴィオレットは、モーリスの代わりのようにボーヴォワールに依存し、親しくなればなるほど彼女が嫌がるようなことをしてしまう。これも無意識にですが、そうすることで相手を試してしまうのでしょう。こういう人の得意技「試し行動」です。

同性愛者ではない同性への依存は、セックスが絡まないぶん、それが「恋」だと気づけないから厄介です。**依存体質の人は、愛することをせず、ただ恋だけをします。自分の恋に苦しむ人は、本当は愛を求めているのに、愛が理解できない。**そして「申し訳ない」「私なんかに、もったいない」などと言って、愛を受け取らないのです。

パワフルなボーヴォワールのような女性が、そんなヴィオレットのような女性に恋されてしまうケースは多いでしょう。依存体質の相手をへたに慰めると、さらに依存が強くなるのもダメ男との恋愛と同じです。

ボーヴォワールは「人は人を変えることはできない」と知っていたのでしょう、ヴィオレットに「あなたは書き続けなさい。書くことで視点が変わるから」と言って、つき放しました。

文章には、書いたその人が必ず表れます。長い文章を書き、それを自分で読み返す。自身の〝病んでいる部分〟を興奮しないで静かに客観的に書くことで、視点が変わっていく。文章を書くという行為の作用であり、力です。

自意識が強いがゆえに有名になりたがる人たち、ヴィオレットがそうだったように「表現をすることで、なんとか生きのびること」を志向する若者が、世の中に認められて人生が好転することがあるのは、自己顕示欲が満足したからではありません。ただ表現をするだけではなく他人の評価にさらされることで自分の作品を客観的にも見つめることができ、当人が抱える問題への〝自身の視点〟が変わるからです。

それは作家だけでなく、女優でもアイドルでもそうなのでしょう。**人から注目された、無視されたと一喜一憂しているだけだと、お金持ちになれても有名人になれても、痛い人のままです。**

60年以上前から変わらない、自己受容と自意識の問題

この映画の時代背景は今から60～70年前ですが、主人公たちが抱えている自己受容できなさ、

自意識の問題は、現代人とほぼ同じです。さらに近年ではインターネットの登場によって表現をすることが手軽にもなり、ヴィオレットやモーリスのような**「苦しみながら、自分について書くこと」は一般的になりました。**

インターネットの各SNSを比較すると、Facebookは実名公開なので無難なことや人がうらやむようなことを書き、ハンドルネーム使用でタイムラインに共時性があり1回の投稿が140文字しかできないTwitterには単純な政治論評やテレビ・ラジオの感想、他人への悪意や暗いけど面白い自虐を一発芸的にサクッと書くのに適しているという話もあります。

どっちにせよ、書いて読まれるのは楽しいけれど、本人の視野の狭さは変わらぬままで自家中毒っぽくなりそうです。

あまり推敲せず脊髄反射的に書いてしまう短文のSNS投稿って、ようするに書いた人の意識や社会的な（だと本人は思ってるけど、じつは個人的な）怒りを垂れ流しただけなんですよ。それが「共感」されるとしたら、多くの人が「私も同じようなこと感じてた！」と思って「いいね！」をつけたり拡散してるだけで、書いた本人が自分を客観的に見る役には立たない。

じゃあ長文ならいいのかというと、ブログってやつも多くはなんだか自己満足的というか。書いた人が書いたことによって自分自身の無意識と向かいあっているように思われる、ようするに読みごたえある文章ってインターネットでは希少なんです。

実在した女性ヴィオレット・ルデュックは、その小説の才能をボーヴォワールからも、高名な香水メーカーの経営者ジャック・ゲランからも愛されながら、長い間、経済的には自立できず、心を本格的に病んで精神病院にも入院します。

50歳を過ぎてからやっと本が売れ、1960年代後半にはフランスのテレビ界でもトークショウや今でいうバラエティ番組が盛んになってきたのでしょう、そういった場で彼女は有名人になりましたが、その後、長くは生きられませんでした。享年は65歳。

彼女を苦しめ続けた母親は、娘よりも8カ月だけ長生きしたのだそうです。

やりきれない人生のようですが、ラストシーンでのヴィオレットの姿は痛ましい感じがしないのです。死ぬまで恋と性にこだわる〝生きかた〟は変えられなかったヴィオレットですが、もしかしたら映画の中の彼女は、どこかの時点で〝考えかた〟を変えて、客観的に「あたしのメンヘラっぷり、まじウケる……」と面白がることができるようになったのかもしれません。

この映画の教訓

依存体質の女性も、「インチキ自己肯定」している男性も、自分が〝なぜ〟つらいのかを客観的に見つめることは重要です。別の視点をもつことで、恋に狂わずに人生が好転するきっかけになることがあります。

『ヴィオレット ある作家の肖像』

恋することは、相手の存在が〝光〟になること

『キャロル』

女性が女性に恋をする物語

ケイト・ブランシェット&ルーニー・マーラ、ベテランと若手の二大名女優が共演します。第88回アカデミー賞でも主演女優賞と助演女優賞（ていうかダブル主演女優ですよね）にノミネートされました。舞台は1950年代のニューヨーク。デパートで店員として働く娘テレーズ（ルーニー・マーラ）と、クリスマスの買い物客としてデパートを訪れた人妻キャロル（ケイト・ブランシェット）が惹かれ合います。

女優の年齢差は16歳。おそらく劇中の設定でもそのくらい年上であろうキャロルの美貌にテ

2015年／イギリス、アメリカ
監督:トッド・ヘインズ
出演:ケイト・ブランシェット、ルーニー・マーラ
原題:Carol

レーズが目を奪われてしまったのが、二人の出会いです。支払いを済ませたキャロルがレジに手袋を忘れていき、テレーズがそれを届けたことで関係がスタートしたわけですが、もしかしたらキャロルはテレーズの〝一目惚れ視線〟に気づいていて、わざと手袋をそこに置いていったのでは……。

恋というのは、どうやって始めたのだとしても始まってしまったものは仕方がないし、同性愛者ではない女性が恋だという自覚なく女性に恋をしてしまうことだって、よくあります。

キャロルの夫は裕福だけれど結婚生活は事実上破綻していて離婚寸前、幼い娘の親権を争っている。そのやりきれないさみしさと絶望。

テレーズにも彼氏がいます。キャロルと出会う前は「自分は、やがて普通に結婚して子どもを産むのだろう」と漠然と考えていたかもしれないけれど、写真を撮ること（それは当時の〝新しいメディア〟であり、〝女性でも活躍できる新しい職業〟だったのでしょう）にも興味があった。

テレーズのように都会で販売員のような職に就いていても、社会的地位も収入も低い。あるいはキャロルのように専業主婦として「〇〇さんの奥さん」として生きていくか。どちらにせよ女性が個人として自己肯定感や尊厳をもつことが、なかなか難しい時代。

キャロルからテレーズへのプレゼントには「私のように専業主婦になったらダメ。変な相手と結婚して自己決定力を失ったら、もしものことがあったとき人生を自分で生きられなくなる」というメッセージが含まれていたようにも思えます。

キャロルの夫は悪人ではありませんが、妻を「独立した一人の人間」としてではなく「俺の嫁」としてしか考えられない男性です。テレーズの彼氏も、彼女が自分についてくるのが当たり前だと思っていて、テレーズのキャロルへの感情を「異常だ」と決めつけます。それはまあ自分の存在が否定されたようなものだからそうなるでしょうが、この若者はキャロルが現れなくても、将来テレーズが本気で写真に取り組み始めたら「俺と仕事と、どっちが大事なんだ!」とか言い出しそうです。

キャロルとテレーズが見てしまった〝闇〟

ふたりは、キャロルが運転する車で旅に出ます。キャロルは人生のハンドルを自分で握りたかったのでしょう。旅の道中、常にテレーズをリードするようにふるまうキャロルは、テレーズから見ると素晴らしく「男前」です。

『ジェラシー』の本文でも触れた、作家の橋本治が述べる「人に恋すると相手の存在が〝光〟になって、それまで自分の周囲にあった世界が〝闇〟だったと気づかされてしまう」という話を思い出してください。

キャロルは闇のなかで生活していて（その闇は、周囲の人から見れば「何不自由ない暮らし」だったのかもしれません）、そこから逃げ出したくてテレーズという光を見つけてしまった。

テレーズはそれまで自分のいる世界が闇だとは自覚してはいなかったけれど、キャロルという光を目にしたことで初めて、彼氏との関係や今の仕事には「光がない」と気づいてしまった。

彼女たちの恋は同性愛であり不倫です。不倫はもちろん「してはいけないこと」だとされていますし、男性の同性愛は差別の対象であり「お笑いのネタ」であり犯罪だと見なされていた頃もありましたが、この映画の舞台となる時代では同性愛は「治療されるべき心の病気」とされていました。

しかし橋本治によれば、ふしだらとか異常だと思われてしまう関係であっても、祝福されるような（たとえば結婚に結びつくような）恋愛であっても等しく、すべての恋は反社会的であり「ヤバい」のだ、とのことです。

なぜなら、**激しい恋をするふたりの周囲の人々は、ふたりから無言で「皆さんは、私たちにとっての〝闇〟ですよ」と宣告されてしまっているのですから。**

我々の感覚ではもう普通のことになってしまいましたが、現代で「まともな恋愛結婚」が世の中から大掛かりに祝福されるのも、結婚するふたりが両親や友人に感謝の言葉を述べるのも、もともとは「**恋は本質的には、社会的な人間関係を壊しかねないヤバいことである**」のを隠《いん》蔽《ぺい》して忘れさせ、恋の結果を「家族」として承認して「社会の一部」に組み込むための、社会の機能なんでしょうね。

でも『キャロル』で描かれているようなヤバい恋愛のありかたこそが、人間にとっての本来の恋なんじゃないかと僕は思います。

恋愛映画が成立しにくい「現代」の素晴らしい恋愛映画

『キャロル』で描かれる恋愛は、劇中のヒロインふたりの周囲の人々にとっては祝福しようがない反社会的な恋です。しかし映画を見終わった観客の多くはふたりを祝福するでしょう。

もしも『キャロル』が同性愛ではなく、人妻と若い男の不倫を描いていたとしたらどうでしょう。たとえば『紙の月』の物語と比較して考えてみたら。『紙の月』で宮沢りえが演じた人妻の夫（田辺誠一）も、キャロルの夫と同じように妻を愛せない男で、どちらの映画でもヒロインの人妻は「行動を起こす」わけです。

正しさとはなんなんでしょう？　そもそも恋を手放しで礼賛するような「恋こそが人生を良

きものにする」「恋の力が悪に打ち勝つ」「二人が世界の中心である」といった能天気なモチーフが今日《こんにち》の映画で描かれても、個人的には「バカじゃないのか」と感じてしまいます。

『マッドマックス　怒りのデス・ロード』でもヒロインとヒーローには戦いの過程で恋は芽生えません。

『アデル、ブルーは熱い色』も女性の同性愛についての美しい映画でしたが「レズビアンであっても依存してメンヘラになる女はいるし、回避してヤリチンになる女もいる」というシビアな状況が描かれました。女同士だから（差別と戦う恋だから）美しい恋なのだ、なんてことはありません。

『キャロル』原作者のパトリシア・ハイスミスはレズビアンだそうです。彼女はアラン・ドロンの出世作である『太陽がいっぱい』の原作者でもあり、これは（現代の映画ではなく１９６０年の作品で、はっきりとしたゲイ描写はないのですが）、ある男の立場に憧れた男が「相手になりかわる」ために殺してしまうという、暗喩としての男の同性愛の「悲劇」でした。

しかしハイスミスの没後20年が経ってやっと映画化された『キャロル』は、近年まれにみる「やはり恋は、人生の力になる」という確かな説得力をもった作品です。この映画と、男女

（あるいは同性）の恋が無惨に終わる映画との違いは、なんなのでしょう？
『キャロル』のヒロインふたりは「支配／被支配」「回避／依存・嫉妬・執着」「強者／弱者」「恋される／恋する」の関係に陥っていない。つまりふたりは恋愛において、**どちらも「被害者」になっていない**のです。

冒頭でキャロルに一目惚れをした、同性とはいえ既婚者に恋をしてしまった、つまり恋の開始点においては「弱者」であったテレーズは、キャロルに恋をして自分の世界の〝闇〟を知りましたが、〝光〟の依存症になることはありませんでした。

光は最終的には、恋愛の相手からもたらされるものではなく、自分で作り出さなければならない。**自分自身が「自分にとっての光」にならなくては、この恋が無駄になってしまう。そう気づいたテレーズは、もう弱者ではなかったのです。**

この映画の
教訓

恋の「悪い」ところは（不倫でなくとも）支配関係・依存関係・搾取関係が生じてしまいがちなこと。

恋の「良い」ところは、相手の光を見ることで、それまで自分がいた世界が闇だったと気づくことができ、光を自力で作り出すきっかけになることです。

「不倫」について考える

『ブロークバック・マウンテン』

こっそりと夫婦になった男と男

タイトルは劇中に出てくる架空の山の名前ですが、直訳すると『切られた背中の山』ですね。

これは、古代ギリシャの時代にソクラテスの知り合いのアリストパネスというおじさんが酔っ払って演説した「もともと人間は二人でひとつ、背中のところでくっついてて手と足が4本ずつ顔が二つの完全な生き物だったのに、神様によって切断されて今の姿になった。だから我々はさみしいのである。だから人は自分の半身を求めて、愛する人を探し、その人とひとつになりたがるのである」というエモい話（プラトンの『饗宴』に収録）が元になっているらしいです。

2005年／アメリカ
監督：アン・リー
出演：ヒース・レジャー、ジェイク・ギレンホール、アン・ハサウェイ、ミシェル・ウィリアムズ
原題：Brokeback Mountain

1963年のアメリカ、ワイオミング州。貧しい青年イニス（ヒース・レジャー）は夏の間、山の上で羊の番をする長期アルバイトにありつき、そこで同じく仕事を求めて来たジャック（ジェイク・ギレンホール）と出会い、二人きりで大自然の中に放り込まれます。初対面の男性二人で数ヶ月の間、片方はテントを守りながら料理をして、片方は外に出て羊の面倒を見て毎日テントに帰ってくるという、まるで夫婦のような生活を送らなければならなくなる。

この労働環境は若者の性欲とか、人が同性愛者やバイセクシャルである可能性というものをあんまり考慮してないわけですが、保守的なキリスト教社会だから「そんな欲望は存在しない」ことにされてる。そして、さみしさや抱きしめられたさ、誰かに触って欲しいみたいな感情が男にもあることに、仕事をさせる側は想像が及んでいない。

二人はある意味、生い立ちも性格も対称的です。ジャックは社交性もあるし、明るく楽しく男らしくふるまうこともできるし器用に人生を乗りこなせる。ロデオ競技がそれを象徴してます。でも、いちばん愛してほしかった父親にはゲイ指向が子どもの頃からうっすらとバレていて、肯定されずに、「女々しい」「俺の息子にしては、ナヨナヨしてる」と思われてきたんでしょう。それが彼の心の穴です。

一方イニスは孤独です。早くに両親を亡くし、その後も運に恵まれなかった「見捨てられた子ども」です。生来の気質かもしれないけれどコミュニケーションがへたで、人の手を振り払ってしまう。さらに幼い頃に自分の父親が村のゲイ男性にした凄惨なリンチの結果がトラウマのように焼きついていて、「悪いことをしたら罰を受けるのだ」という恐怖や罪悪感を抱えています。

でもテント暮らしが始まり、イニスが野生の熊に出くわして怪我して帰ってきたときジャックは彼をケアするんです。イニスは今までの人生、そんなふうに人から優しくされたことがなかったんでしょう。

そしてある夜、我慢できなくなったジャックはイニスの体に手を伸ばす。ジャックには色気があるからイニスは惑わされます。最初は拒絶するし自分が男とやれるなんて思っていなかったのに、勃ってしまう。さみしさを抱えた男を男が引っぱり込む危うさをとても繊細に描いていて、この日から二人は、山の中で誰にも邪魔されずに愛し合うようになります。

この映画、ほとんどの台詞がダブルミーニングになっています。登場人物が発する言葉に二重の意味があって、男同士のセックスや隠しごとを暗に示している、とてもよくできた脚本。いくらでも深読みができます。

白い羊の大群が流れるように山を駆けていく美しい俯瞰のカットがあります。たぶん「羊の群れ」とか「羊飼いの若者たち」というのは旧約聖書的になんか意味や象徴があるんでしょうが、聖書を知らないAV監督の目にはあの羊たちが、ほとばしる大量のザーメンに見えました。羊は怖がりな動物ですぐに駆け出して逃げちゃうから、つまり**主人公たちが羊飼いなのは「男たちが自分の欲望をコントロールしなきゃいけない（けど、できない）ことの弱さ」を描いていた**と考えると、あながち当たってなくもない気もしますがどうでしょう。

器用で「総ウケ」な男と不器用で「タチ」な男

イニスは、もともと自覚あるゲイではなかった。なぜ二人は惹かれ合ったのでしょう？

なんでもそこそこうまくできちゃう「総ウケ」のジャックには、不器用な「タチ」のイニスが必要なんです。ジャックは嘘をついてうまく生きられている自分が嫌いで、かたやイニスはうまく生きていけない。ジャックの心には小さいけれど深い穴があって、イニスのほうにはでっかい空洞があります。ところがジャックと一緒にいるとイニスは明るくなれる。心を開くことができる相性なんです。

それでも山を降りた二人は別の道を歩み、それぞれの現実的な生活を作っていかねばなりません。当時（１９６０年代）の社会の中では同性愛は許されてませんから。

イニスはアルマ（ミシェル・ウィリアムズ）という女性と結婚して子どもを二人さずかるんだ

けれど、妻との関係はどうにもギクシャクします。古い男なので牧場で働くという発想しかなく、でもそれでは十分に稼げない時代になってきている。安月給で、家事は妻のワンオペで、新しい時代の家族の形を維持していくことの難しさに直面する。

彼は人間を相手にうまくコミュニケーションが取れないから、牧場で動物を相手にしているほうがラクで、ましてや奥さんが提案するように「都会に引っ越してまともな会社員として生きる」なんて無理なんです。

ジャックはというと、ラリーン（アン・ハサウェイ）という裕福な家の娘と出会います。ジャックは受け身でバイセク寄りだから、強気で男勝りで女っぽくないお嬢さんとの相性は悪くない。女性的な男と男性的な女で、恋愛もセックスもやればできてしまう（ジェイク・ギレンホールとアン・ハサウェイ、共通する「過剰さ」がありますよね。どっちも目が大きすぎて顔も雰囲気も濃くて、こう言っちゃなんだけどご両人とも人形っぽい。ギレンホールは男なのにエロすぎるし、ハサウェイは美人だけどキリッとしすぎてる）。だけど、いざ結婚すると典型的な田舎の金持ちである無神経なラリーンの父ちゃんに、婿《むこ》というより使用人扱いされてしまう。

ジャックは経済的には豊かになっていく反面、ゲイであることを隠して人生をうまくやれている自分に、常にイラついているのです。

あの山の中の日々の思い出の「男同士の（セックス込みの）友情」に比べたら、社会的な結婚生活ってなんてつまらなくて、つらいんだろう。二人とも、家庭は俺の居場所じゃないと思ってしまう。そして再会します。

この時点で男同士の濃厚な抱擁とディープキスを、じつは遠くからイニスの妻アルマに目撃されています。アルマを演じるミシェル・ウィリアムズの表情！　夫がゲイだったと気づきたくないのに気づいてしまった平凡な妻の、静かで恐ろしくて悲しい怒り……。

そんなことも知らず二人は男同士の関係を続け、まるで少年の夏休みのように、家族には「親友と釣りに行くよ」と言って山での逢瀬《おうせ》を重ねていきます。それは日常から離れた世界です。

日常の中では叶えられない欲望を持ってしまう苦しみ

イニスは人の気持ちがわからない男で、妻に不倫がバレてるなんて思ってない。愛しのジャックに会えると思うとウキウキで、妻が何を考えてるかに対してまったく関心がない。で、アルマが「仕事を休んで大丈夫なの？」と訊くと「クリスマスも出勤したんだから大丈夫だ」と返す。それってつまり「クリスマスも夏休みも、家族と一緒に過ごしてない」ということで、自分の言っていることが奥さんにどういう意味で伝わるかも、奥さんが本当は何を言いたいのかもわかってないんですね。

そのうちジャックが「二人で人生をやりなおそう」と提案してきます。うちの奥さんの父親は俺が別れるって言えば喜んで手切れ金くれるだろうから、それで一緒に牧場をやろうと。内心ではイニスにも離婚してほしいんだけれど「お前は家族を連れてきてくれたっていいし、二人っきりでもいいし、好きなようにしてくれていいよ」と。

でもイニスは、その提案を「無理だ」とはねのける。

イニスがもっと生きるのが器用だったら、奥さんに感謝し、うまく嘘をつきながら侮辱だけはしないよう注意しながら、恋人との心の距離をもっと近くする工夫もできたのかもしれません。でもイニスにはそんなふうに「幸せを目指す」ことができません。

山にいた頃、二人が油断して呑気にいちゃついてる間に羊が狼の犠牲になっていたというシーンがありましたが、あれもイニスの「男同士でセックスをすると罰を受けて、死がある」という無意識の恐怖を反映しています。

結局イニスは離婚します。奥さんは別の優しい男性と新しい家庭を持ち、何年か経ってクリスマスの食事の席にイニスも（子どもたちの父親ですから）呼ばれて、そこで元奥さんが初めて彼を詰めるんです。「男とやってたでしょ。私が知らないと思ってたでしょ。あんたと結婚してた間、ずっと私は侮辱されていたのよ」と。

映画の後半で、もはやいい歳のおっさんになったイニスとジャックは痴話ゲンカを始めます。

ジャックの「うまくやっていこう」という提案を、イニスはことごとく断る。むしろ「俺に男の味を教えたのはお前だろう。お前のせいで俺の人生が狂った」みたいな、とんちんかんなことを……。あげくの果てには「ほかの男とやったら殺すぞ」とか言い出して、嫉妬ぶかいんです。その言葉は「俺にはお前しかいない」の裏返しなんだけれど、そう素直に言えないのがイニスという男です。

そんなイニスのさみしさがほっとけなくて彼に恋をする女性も現れるのですが、どうしてもイニスは「人生をやりなおす」ことができない。

『ブロークバック・マウンテン』は、もちろんLGBT映画の金字塔なんですけど、僕としては全国の「既婚男性と不倫して苦しんでる独身女子」に観てもらいたいですね。イニスの奥さんを彼氏の奥さんに重ねて、それから、流されるタイプなのに変なところだけ強情で不幸になっていくイニスの性格はご自分に重ねて観てほしい。

不倫をしてても苦しんでない女性は、流されるタイプではないのでしょうから、そういうふうに観なくていいです。

やがて時が経ち、ジャックが急に亡くなった事実を、イニスは返送されてきたハガキで知ることになります。**死に目に会えない、何かあってもすぐには教えてもらえない、とつぜん完全に音信不通になっても仕方がないのが不倫です。**

ゲイであることを隠して生活を乗りこなしていたジャックが死に、イニスのほうが惨めな暮らしを生き延びることになってしまう。

豊かに生きるのも貧乏するのも、早死にするのも長生きしてしまうのも、そもそも結婚なり不倫なりをするのもしないのも、同性愛者なのも異性愛者なのも、すべて人生の偶然です。

ジャックの奥さんラリーンとイニスは、おたがいの顔も知りません。ただ一度だけ「もう葬儀は終わったの」「彼は僕の親友でした」と電話で短い言葉を交わすだけです。

おそらくラリーンも全部わかっています。そして彼女は「あなたも、人生であの人と縁があってセックスをして愛した人なのね。私も私の人生であの人と縁があったの」と思っています。おそらく「妻と不倫の恋人と、同性愛と異性愛と、どっちが正しくて、どっちが可哀想か」なんて考えてはいません。

浮気も不倫も、しなくて生きていけるなら、しないにこしたことはありません。配偶者を憎んでいて、その憎しみのあてつけとして浮気するくらいだったら、むしろ早く離婚をしたほうが（子どもがいたとしても、その子どものためにも）、いいと思います。

でも**人間の中には、生活という日常の中では叶えられない欲望をもってしまう者が、必ずいます。そういう欲望をもってしまうかどうかも、すべて人生の偶然です。**

『ブロークバック・マウンテン』が本当にすばらしい映画だと思うのは、どうにもならないイニスの人生が、ラストの直前、ある意外な人物たちによって肯定されることです。その肯定の積み重ねによってイニス自身も、ほんのちょっとだけ変われるんです。この映画、何度か観ましたけど、観るたびにこのくだりで僕は泣けてきてしまうんです。

この映画の教訓

人生には秘密が
生じてしまうことがある。
その秘密が家族や他人を
侮辱しないように、
なるべく傷つけないように
（そして本人も苦しまないように）
工夫して生きていくべきだが、
どうしてもそんなふうに
うまく生きられない人もいる。

『ブロークバック・マウンテン』

人は自分の恋愛やセックスや人生を「良い」とか「悪い」とか決めることはできるのか

『そこのみにて光輝く』『悪い男』

2本の映画からえられる教訓

なぜこの2本の映画を並べるのかを、まず書いておきたいと思います。

『そこのみにて光輝く』は、いろんなテーマを読み取ることができる映画だと思うのですが、

僕がえたのは、

2014年／日本
監督:呉 美保
出演:綾野 剛、池脇千鶴、菅田将暉、高橋和也、火野正平

2001年／韓国
監督:キム・ギドク
出演:チョ・ジェヒョン、ソ・ウォン
原題:나쁜 남자

その人の人生を良いほうに変えていく
恋愛やセックスと、
その人の人生を悪いほうに
ひっぱる恋愛やセックスがある。

という教訓です。当たり前っちゃ当たり前のことなんですが。でも自分のこととして考えたときに多くの人が見失ってしまいそうなことです。一方『悪い男』からえた教訓は、

人間には、自分の人生を悪いほうに
ひっぱる恋愛やセックスを、
する権利がある。

です。愚かなことをしてしまう権利、愚行権というやつです。

これは難しい話ですね。自分で決めて自分自身の人生を台無しにする権利というのは、あるような気もするし、でも、それで周囲の人を巻き込んだり傷つけたり悲しませたりする権利はあるのか。

あと、愚かさというのは「かっこよさ」と結びつく場合がある。個人の破滅のかっこよさをテーマにした恋愛映画は（泣いた赤鬼パターン、つまり大切な人を置いて悪人の主人公だけが一人で破滅するとか、あるいは最近は流行らないけど『失楽園』パターンで一緒に死ぬとか）けっこうあります。そうやってフィクションの中で美化される。

ただし『悪い男』は、かっこいい映画ではありません。

良いセックスと悪いセックスの違いとは？

『そこのみにて光輝く』は、とにかく役者が、そして監督と役者によって造形されたキャラクターが最高です。

仕事を辞め、目的もなく日々を過ごしている孤独な達夫（綾野剛）。達夫がパチンコ屋で出会った、社会に適応できないけれど人懐っこくて憎めない拓児（菅田将暉）と、その姉で家計を支えるために食品工場で働きつつ愛人もしながら売春もしている千夏（池脇千鶴）。千夏を愛人にしているけど自分の家庭も大事なのであんまり千夏にお金はくれず生かさず殺さず飼っていて、そのくせ嫉妬ぶかく、仕事上や地域内での立ち回りは上手で、権力もある社長・中島（高橋和也）。

菅田将暉が拓児を演じるために前歯を汚く着色してるとことか、嬉しくなります。「役者は夢を売る商売」なんて言って、こういうとこをちゃんとやらない二枚目俳優、多いもんね。池脇千鶴の、不機嫌さと可愛らしさと抱きごこちのよさそうさ（彼女と妻夫木聡が共演した『ジョゼと虎と魚たち』も僕は大好きです）。

そして高橋和也の演技の目の暗さ。達夫の目の暗さは「人生がうまくいかなくなってしまった若者の暗さ」ですが、中島の目つきの暗さは「人生がうまくいっていて、家族も若い愛人もいてお金もあって一緒に酒を飲む部下や知り合いもいて、それなのに何も楽しくない、何も心からは楽しめていない暗さ」です。それは、彼が愛してほしい人は誰も彼を愛してくれないからです。

『マッドマックス　怒りのデス・ロード』を観ると悪役イモータン・ジョーに注目してしまう僕は、この映画では中島に注目してしまいます。男性の人生の成功ということを考えてしまうのです。『そこのみにて光輝く』は地方都市の貧困も描いていますから、中島の存在を社会的な悪として捉えることもできると思います。

中島の悪は「支配してしまうこと」です。千夏と中島のセックスと、千夏と達夫のセックスが対比されるように繰り返し描かれます。千夏は中島とのセックスでは、ぜんぜん気持ちよさそうじゃありません。それで中島はイライラし、最終的には千夏をレイプします。

レイティングがR15＋ですので中学生が観てはいけない映画なんですが、高校生には授業で観せたほうがいいんじゃないかと思いました。「**良いセックスと悪いセックスの違いは、相手を支配(所有)しようとしてるか、してないかである**」という基本的なことを教えるためです。

中島は、千夏だけじゃなく拓児とも、支配をすることでしか関係を作れません。中島が拓児にビールを与えるのは支配するため。

でも達夫が拓児にタバコを与えるのは支配するためではありません。

「相手を所有しようとしないセックス」が傷ついた心を癒す

これは僕の深読みですけど、おそらく中島は自分の人生の成功や千夏を所有していることを「自分の能力と魅力によるものだ。自分の手柄だ」と思おうとしています。インチキ自己肯定というやつです。

達夫も、事故で仕事仲間（部下）の人生を終わらせてしまい自分の人生がダメになってしまったのは「自分のせいだ」と思っています。でも実際には誰のせいでもなく、職場の事故は偶然です。責任は上司であった達夫にあるのですが、それも偶然です。そして彼が拓児と知り合ったのも、千夏の売春のことを知ってしまったのも偶然です。

達夫と千夏のセックスも（中島と千夏の、それぞれが生きていくために「相手から何かをもらおうとして」やっているセックスに比べれば）、ただの偶然であり、**おたがいを所有しようとしない無**

意味なセックスなのですが、だからこそ良いセックスなのであり、それぞれを癒すのです。

ただし、達夫のような精神的ひきこもりの人がこの映画を観て「千夏のような人を救って良いセックスさえすれば、自分も救われるんだ」と思っても、そう思ってしまったら千夏のような女性とは巡りあえません。その人は、先に「求めて」しまっているからです。

達夫は千夏を求めたわけではありません。彼がしたのは、ただ拓児との偶然の出会いを拒否しなかったことだけです。千夏との出会いではなく、拓児との出会いをです。そして拓児がそれほど悪い奴じゃなかったというのも偶然です。

物語の類型っぽいことを言うなら達夫は山の男で、千夏は海の女で、二人は社会的な恋愛ではなく、おたがいの直感で結ばれました。二人のセックスが良いセックスだからといって「女は海のようであれ」なんてバカげたこと（意味のあること）を言うつもりはありません。そんなことは、それこそ中島が千夏に求めていることでしょう。千夏の海は、近海漁業は滅んでしまったし、観光名所でも開けた海水浴場でもない、人間にとって無意味な海です。

達夫の山も豊かな自然がある野山ではなく、達夫にとっては死の世界です。達夫を連れ戻しに現れた松本（火野正平）が、最初は達夫の目には死神に見えます。

松本の山は、そこで働けばお金は稼げます。松本が採石場で地位が高いのだとしたら、街《まち》で働く中島とそう遜色ない収入なのかもしれませんが、それで中島は自分を男らしいと思い込み家庭生活と愛人とのセックスを維持しようと必死です。ところが山の男・松本は中島と違って何も持っていません。

家族を持てない松本の姿が「山に戻った達夫の未来」だとしたら、達夫は千夏と幸せになれるのでしょうか。松本は達夫に、自分とも中島とも違う未来を託しているのでしょうか。少なくとも達夫も松本も拓児も千夏も、孤独ではなくなりました。中島は孤独なままです。

薄暗さの中にいた達夫に光を与え、妹や松本の話を聞く気にさせたのは千夏とのセックスでした。達夫は自分の人生を良いほうに変えるでしょう。**千夏も、達夫に光を見たことで「それまで自分は暗黒の中にいたのだ」と気づきました。**

山から海にさす明けがたの陽は美しいです。けれど、ラストシーンで千夏は達夫の光を見つめているだけです。達夫が愛してしまった拓児や千夏が背負わされている問題は、映画の中では解決されていません。**誰のせいでもなく、もちろん彼ら自身の責任でもなく、彼らの「性質」は生まれつきの偶然なのです。**社会福祉が充実すれば貧困は改善されるかもしれませんが、拓児や千夏のような子の生きづらさの本質は貧しさだけではありません（原作者の佐藤泰志さんは小説『そこのみにて光輝く』を１９８９年に出版し、翌年に41歳で自殺なさっています）。

しかし、それでも人間は（もしセックスをするのなら）千夏と中島のような愚かなセックスはするべきではなく、千夏と達夫のようなエロいセックスをしたほうがいいと、この映画は訴えているように僕には思えます。

社会で生きていきづらい若者を受け入れる場所

しかし、はたして人間はエロくて気持ちのいいセックスや、人生を良いほうに変える恋愛と「出会う」ことができる人ばかりなのでしょうか。

僕がこの本で、映画という本来は無意味なものから「教訓」を読み取ろうとしているのは、とりあげているのが恋愛映画だからです。恋愛という美しく見える現象には、じつは非常にシビアでクソくだらない法則性があります（それは人間の心の法則といってもいいのですが）。その法則を映画から学んでおくことで当事者自身が、悪い恋愛や悪いセックスを、良い恋愛や良いセックスに変えていくこともできるんじゃないだろうかという、おせっかいな思いが僕にあるわけです。

そして、そんなおせっかいを持ち出してもうまく語ることができない、すごい強度の無意味さ、非合理さ、つまり「現実」っぽさをもった映画もあります。たとえば『ニンフォマニアック』であり、この『悪い男』です。

『悪い男』の主人公・ハンギ（チョ・ジェヒョン）は、ある日、たまたま路上で女子大生ソナ（ソ・ウォン）を見かけ、その場でいきなり唇を奪います。居合わせた周囲の「まともな人たち」は騒然とし、ハンギは男たちに取り押さえられ、ソナからは唾を吐きかけられて罵られる。しかしハンギはその後、ソナを罠にはめて売春窟へと売り飛ばしてしまうのです。

ハンギの悪は『そこのみにて…』の中島の悪どころではありません。中島のように表の顔でとりつくろう部分すらない。完全に狂っています。

ハンギたちが棲息《せいそく》している場所は闇社会とか裏社会などと呼ばれる（映画によく出てきますよね）かっこいいロマンチックな場所でもありません。現実の反社会勢力は政治や芸能界や人間の弱さと密接につながってお金がまわっていますが、ハンギたちがいるのはその最下層です。そういう場所は現実のあらゆる国のあらゆる盛り場にあって、拓児や千夏のような（達夫のようにひきこもることはしないけれど）、社会では生きていきづらい若者たちを、現実的に受け入れています。

もしかしたらハンギやその子分たちは、将来の拓児の姿なのかもしれません。

もしもすべてが夢なのだとしたら？

平凡な女子大生だったソナは、明らかにハンギの不合理な犯罪行為の被害者です。ところが彼女はハンギの世界から逃げ出そうとしないのです。千夏が中島と一緒にいるのが本当はいやで、逃げたいのだけれど事情があって逃げられないのとは違います。

後にハンギの子分の一人がソナに恋をして助け出そうともしますが、ソナは自分の意志で再び「悪い場所」に戻ってきます。彼女は達夫のような存在を必要とはしていません。

なんらかの意味で「どこか別の世界に連れていってもらいたい」「今とは違う自分になりたい」という欲望から人は恋をするのだと、僕はこの本で繰り返してきました（強い人が弱い人に恋をしてしまう場合は「この人を守れるような、さらに強い自分になりたい」と思うわけです。自分の強さに罪悪感をもっていて、その贖罪の気持ちで弱者に恋してしまうケースもありますが）。

ソナはハンギに恋をしたのではなく、セックスの世界そのものに吸い寄せられたのかもしれない。それを、わかりやすく破滅願望と呼ぶこともできますが、映画を観ている「まともな人」にはまったく感情移入できないでしょう。

ソナの「まともな世界」も、うざい彼氏の存在くらいしか描かれないので、彼女が何から逃げたかったのかもよくわかりません。『悪い男』には、『ラヴレース』や『全裸監督』のような「セックスを職業にすることになる女の子が機能不全家庭で育った」みたいな、ありがちな描写がないのです。

手がかりというか伏線があるとしたら、ハンギの罠に落ちたときのソナが、書店でエゴン・シーレの画集に惹かれていたことでしょう。まさに「魔が差した」瞬間です。彼女は、おそろしくてグロテスクで気持ちのわるい美しさに触ってみたいという欲望を深層意識でもっていたのだと解釈することはできます。

ハンギも中島とは全然違います。彼はソナとセックスしようとはしません。ただ、売春のための部屋に作られた盗撮用の小部屋に身を潜め、盗撮はせず、マジックミラー越しに買春客に抱かれるソナを呆然と見つめているだけです。

ハンギはソナを支配したいわけではなさそうです。また、いわゆる「寝とられ願望」とも違う気がします。

マジックミラーにオーバーラップするハンギの無表情な顔とソナのセックスを見ていると、僕は「もしかしたらハンギは、ソナになりたかったんじゃないのかな」と思えてきました。「どこかに連れ去ってほしい」ではなく**「その人になりたい」という欲望が恋の、あるいは憎しみの始まりになることもあります**（これは同性愛的である、とも言えますが）。しかし、これもわかったような、よくわからないような解釈です。

後半の幻想的な展開は、ますます観る者を混乱させます。夢なのだとしても、写真の一部が浜辺の砂から出てくるのはなぜなのでしょう（誰の心の中に埋まっていたのでしょう?）。街でソナの肩に上着をかけてくれる女は誰なのでしょう。まあこれも、がんばって解釈しようと思えば解釈することはできるのでしょうが……。

ひょっとすると幻想的シーンだけでなく、冒頭のハンギがソナに狼藉をはたらく場面のみが現実に起きたことで、それ以降の売春街とかもすべてがソナの空想の世界なのかもしれません（それを言ったら、そもそも映画そのものが監督が作りだして観客と共有している、すべてが幻の世界なんですが）。

それなのに、と言うべきなのか、この映画にはリアリティがあります。ドキュメンタリー的なリアリティではありません。登場人物たち自身にもおそらく解釈できていない、彼らの心（かっこよく言えば、魂）の動きが、まったく説明なしで映画を進めていくからです。

もしもこの映画のほとんどのシーンがソナの見た夢なのだとしたら、ソナは、なんのためにそんな夢を見ているのでしょう?

恋愛もセックスも、どんなに理屈をこねたって不合理なものです。大問題の(まったく幻想的ではない)ラストシーンですが、これは、はたして悲劇なのでしょうか?

あなたが、もし現実に「悪い恋愛」をしているのだとしたら、それは悲劇なのでしょうか?

それともあなたは夢を見ているだけなのでしょうか?

『そこのみにて光輝く』『悪い男』

あとがき

恋人たちがわざわざデートで恋愛映画を観るのはなぜなのか。

しつこいですが最後にもう少しだけ、また別の映画の話を。

僕は、この本で感想を述べたような恋愛映画も好きだが、ホラー映画も好きなのである。『エクソシスト』という現代オカルト映画の元祖のような作品が１９７３年に公開されてまして、あらすじを言うと「セレブの映画女優を母にもつ若い娘さんが、悪魔に取り憑かれて暴れる話」だ。その7年後の１９８０年に公開された『シャイニング』は、「名優ジャック・ニコルソン演じるお父さんが、死者に取り憑かれて家族にひどいことをする話」だけど、アルコール依存症の話であるとも解釈できる。そして『シャイニング』の38年後、２０１８年に公開されて日本の恐怖映画マニアの間でも大絶賛された『ヘレディタリー／継承』は、いよいよ、

「お母さんが悪魔に取り憑かれる話」だ。

ようするに3本とも、家族の心の穴の問題がテーマである。『シャイニング』は、いま観てもまったく古びていないので『ヘレディタリー』と2本立てで家族みんなで観ると、すごくいやな気持ちがして面白いかもしれない。お宅が親子問題を抱えたご家庭だったらぜひお試しくださいと言いたいところだが、まあ普通やんないよね。

それに比べて恋人たちは、よく「恋人たちの心の穴の問題」がテーマの映画をデートで観たり、家で二人で観たりする。恐ろしくはないのか。他人事として観られなかったら、どうするんだろう……。でも他人事じゃない映画を誰かといっしょに観て（同じ本とか同じマンガを読む、でもいいんだけど）、あとで感想を述べあうというのは、恋愛の相手の考えていることがわかって、とてもいいことであると思います。

日本のホラー映画『来る』（2018年）も面白かった。主役級の豪華キャストが次々と怪物に呪い殺されていく。最後まで生き残った人たちは男も女もメンヘラで、自分のコンプレックスにおしつぶされながら生きているダメな人たちなんだけど、なんで彼らが怪物との戦いで死なかったのかというと、怪物の呪いは「自分に嘘をついて生きている人」を選んで殺していたからだったので、メンヘラとはダメな人たちではあるが自分に嘘はついてなかったのだ、人は自分に嘘がつけないがゆえの罪悪感があってメンヘラになってしまうのだ、でもそういう人を怪物は殺さないのだ、という、ネタバレをしてしまいましたがごめんなさい。

僕は恋愛映画でも恐怖映画でも、そういう恋愛なり呪いなりの「構造」とか「理屈」を他人事として面白がっている。

でも怖いかどうかっつったら『来る』より『ヘレディタリー』のほうが怖い。こっちは、ほんとに怖い。恐怖映画において「ほんとに怖い」というのは、恋愛映画を観て頭を抱えて「あー」とうめくのと同じだ。

『ヘレディタリー』の監督はインタビューで「どうやって、こんな恐ろしい話を考えたのですか?」と訊かれて「いや、こういうことが子どもの頃の僕の家で本当に起きたんです」と答えたそうで、映画を観たあとに読むとこのインタビューがめちゃめちゃ怖い。まさか監督のお母さんが、本当に映画のラストシーンのお母さんと同じようなふるまいをしたのではないと祈りたい。でも監督やご家族の心の中では、映画の中の人々と同じような感情が本当に起きたのでしょう。その感情は解釈できないから怖い。

「映画批評はスクリーンに映っていたことについてだけ書くべきだ」と高名な映画批評家が述べているらしい。スクリーンにちゃんと映っていたのに多くの観客が見逃していること（あるいは、見ないようにしていること）を指摘したり、監督が意識した演出（あるいは監督の無意識のなせる技として、画面に映ってしまったもの）について考えて書くのが批評家の仕事である。しかし映ってなかったこと、つまり個人的な感想やら独自の解釈、ましてや教訓などを書いてはいけない。そういうのは批評としてダメだ、ということだろう。まったく同感です。

この本では、僕の勝手な解釈も感想もたくさん書いて、画面にまったく映ってなかった教訓まで勝手に読みとった。どう考えても映画批評の本になってない。映画をダシにした「読者への、お説教」の本である。

ダシにしてしまった全部の映画の関係者の皆さんにお詫びを言いたい。

『ウォールフラワー』から『キャロル』まで、22本の映画の感想文は「エル・オンライン」で2013年から2016年にかけて連載したものを出版にあたって改稿しました。物語の構造を他人事として解釈して原稿を書けた映画もあれば、書きながら「あー」とうめいた映画もあった。

ほとんどの映画は公開直前で試写をやっていたものの中から、連載を担当してくれた広瀬美玲さん（当時は「エル・オンライン」編集部、現在はフリーの編集者でライターさん）が選んでくださったのですが、たしか『かぐや姫の物語』と『マッドマックス　怒りのデス・ロード』だけは僕が観たいって言って劇場に観に行ったんじゃなかったっけか。

広瀬さんには連載時の原稿も、書き下ろした3本の映画についての原稿も、執筆を強力に助けていただきました。

広瀬さん、連載記事の書籍化を快諾してくださった「エル・オンライン」編集部のみなさん、記事をまとめて本にすることを提案してくれたスモール出版の三浦修一さん、ありがとうございました。

あとがき

初出一覧

「エル・オンライン」連載記事

『ウォールフラワー』２０１３年10月31日
『パリ、ただよう花』２０１３年11月29日
『かぐや姫の物語』２０１３年12月27日
『エヴァの告白』２０１４年２月３日
『ラヴレース』２０１４年２月27日
『アデル、ブルーは熱い色』２０１４年３月31日
『とらわれて夏』２０１４年４月30日
『美しい絵の崩壊』２０１４年５月29日
『ｈｅｒ／世界でひとつの彼女』２０１４年６月26日
『ジゴロ・イン・ニューヨーク』２０１４年８月１日
『ジェラシー』２０１４年８月29日
『ニンフォマニアック』２０１４年９月30日

『紙の月』２０１４年11月5日
『毛皮のヴィーナス』２０１４年12月2日
『ラブストーリーズ　エリナーの愛情』『ラブストーリーズ　コナーの涙』２０１５年１月20日
『博士と彼女のセオリー』２０１５年3月9日
『ラスト5イヤーズ』２０１５年4月17日
『海街diary』２０１５年6月12日
『マッドマックス　怒りのデス・ロード』２０１５年7月15日
『ピース オブ ケイク』２０１５年9月18日
『ヴィオレット　ある作家の肖像』２０１５年12月18日
『キャロル』２０１６年3月3日

本書のための書き下ろし

『ブロークバック・マウンテン』
『そこのみにて光輝く』
『悪い男』

二村ヒトシ（にむら・ひとし）

アダルトビデオ監督。女性の欲望・受け身の男性・同性愛や異性装をテーマに「痴女」「レズ」「男の娘（おとこのこ）」などのジャンルで革新的な演出を創案。ソフト・オン・デマンドの若手監督エロ教育顧問も務める。近年は文筆家として活動の場を広げており、著書に『すべてはモテるためである』『なぜあなたは「愛してくれない人」を好きになるのか』（共にイースト・プレス）、『僕たちは愛されることを教わってきたはずだったのに』（KADOKAWA）、共著に『どうすれば愛しあえるの：幸せな性愛のヒント』（ベストセラーズ）、『欲望会議「超」ポリコレ宣言』（KADOKAWA）などがある。

あなたの恋がでてくる映画

発行日　2019年10月29日　第1刷発行

著　　者　**二村ヒトシ**

編集・構成　三浦修一（スモールライト）
編集協力　広瀬美玲
装　　丁　木庭貴信＋青木春香（オクターヴ）
イラスト　Emi Ueoka
校　　正　会田次子

写真協力　Alamy

発行者　中村孝司
発行所　スモール出版
〒164-0003　東京都中野区東中野3-14-1 グリーンビル4階
株式会社スモールライト
［電話］03-5338-2360
［FAX］03-5338-2361
［e-mail］books@small-light.com
［URL］http://www.small-light.com/books/
［振替］00120-3-392156

印刷・製本　中央精版印刷株式会社

Printed in Japan
ISBN978-4-905158-71-4